美哉世博

——上海世博场馆掠影

The Wonders of Expo 2010 Shanghai China

THE WONDERS
OF EXPO 2010
SHANGHAI
CHINA

EXPO

图书在版编目（CIP）数据

美哉世博 / 尹小林主编. –– 北京 : 国家图书馆出
版社, 2010.7

ISBN 978-7-5013-4390-4

Ⅰ.①美… Ⅱ.①尹… Ⅲ.①博览会—上海市—
2010—图集 Ⅳ.①G245-64

中国版本图书馆CIP数据核字(2010)第115554号

美哉世博

尹小林　主编

责任编辑	殷梦霞　王燕来
出版发行	国家图书馆出版社（原北京图书馆出版社）
	（北京市西城区文津街7号 100034）

电　话	010-66139745	010-68980439
E-mail	btsfxb@nlc.gov.cn（邮购）	guoxue@guoxue.com
Website	www.nlcpress.com	www.guoxue.com
经　销	新华书店	
印　刷	北京圣彩虹制版印刷技术有限公司	
开　本	889×1194　1/12	
印　张	24.5	
版　次	2010年7月第1版	
	2010年7月第1次印刷	
书　号	ISBN 978-7-5013-4390-4	
定　价	220.00元 (平装)	

美哉世博

汪德龙题

春成就丗博之多彩
東方之冠夫何雄哉
祥雲古韻有獨具之
匠心展古樸之雄采
那清明上河圖更是
妙不可言圖中車船
人物皆躍動起來成
了鮮活靈動的畫卷
讓人慨歎讓人留戀
荷蘭館如童話世界
陽光穀晶瑩剔透敞
開襟懷滬上生態家
人炙法國七寶來浙
江竹立方橋城宮燈
帥湖北編鐘展神奇
金聲玉振如聞天籟
法國骰量球太空家
園館耆骼生活耆能
生態展示城市美好
之未來金鑛館享武
俠之盛宴機器人掌
廚獻二十四道大菜
品丗界美食唇齒留
香觀精彩舞臺激情
澎湃更看時光隧道
引領我們回望過去

入眼來沒有中華之
復興哪來丗博之精
彩創新融合是丗博
會的靈魂和使命以
人為本人性關懷科
技創新文化多彩中
華乃禮儀之邦邀來
萬國賓朋看丗博知
丗界借丗博會之平
臺我們破解難題懂
憬未來弘揚文明成
果展示環球風采交
流發展經驗傳播先
進理念城市讓生活
更美好丗博讓丗界
更和諧合作共贏開
創未來短賦難窮未
盡之意有詩贊曰精
彩紛呈丗博游萬方
風物眼中妝妙想奇
思開智慧創新路上
競風流

顧問：陳曉林 張海
　　　李暉 閻振堂
　　　袁俠祥 余春冠
策劃：屈金星 子洪英
作者：金士龍
歲在庚寅年之春北京柳國慶書

上海世博賦

上海世博有何奇哉
景象非凡演繹繽紛
之世界圓百年夢想
中華兒女添豪邁規
模宏大越注屆首
創綠色世博定將流
芳百代遙想一八五
一年萬國工業博覽
會在英國倫敦召開
展品單一工業主宰
肇始至今已歷數十
屆炎世易時移參展
擴容名字更迭從未
在發展中國家登臺
如今開世博之先河
傳到盛世中華已是
風華絕代成為經濟
文化之盛宴展望未
來發展之舞臺世博
會躬逢盛世舉全國之
門亮登臺全國之
力集世界之智慧匯
全球之英才科學決

奔向未來藍色海寶
俏皮可愛喜迎佳賓
尋夢來各國展館更
是多姿多彩各種奇
思妙想啟迪智慧引
領未來上海網上世
博園乃世博會之首
創克服雲阻山隔網
絡四海展科技之神
奇呈園區之精彩成
了永不落幕世博園
美哉上海世博園令
世界矚目讓國人關
愛不出國門覽遍世
界睹浦江兩岸奇姿
想那八僑下凡定會
沉迷此景聖人先賢
也會熱淚盈眶萬方
風物展大觀何愁風
雨阻客來壯哉上海
世博園大手筆大氣
概有容乃大無慮不
在天空地面水上組
成立體之舞臺激光
焰火音樂噴泉交織
成華美樂章輝耀夜

《美哉世博》画册编委会

名誉主编：王定国

主　　编：尹小林

副 主 编：赵敏俐　余　滨　孙惠军　周剑波

委　　员：（排名不分先后）

申荷亮　李安纲　刘素珍　曲少鸿　谷　群　张树伟　张增义

傅　斌　杨　奕　苏伟一　孟秋华　李建国　周绪银　曹士阳

潘兴旺　马琳杰　蔡德明　朱传印　王尚志　任文彪　田孝和

张　旭　陈小川　公方彬

策　　划：余　滨　汪晓京

书名题词：欧阳中石　汪德龙

书名篆刻：赵　宏

装帧设计：王继宝　高冉亮

撰　　稿：李　莉　孙　健　李　岩　李　珺　九子旦

技术统筹：詹　君

摄影团队：

（北京组）卢炳广　杨建理　王智仁　党颖敏　李海泉　卢晓科

（上海组）卢永良　李　劼　向　峰　黄　硕　严　彪

监　　印：李齐平

支持单位：首都师范大学科技园　电子文献研究所

　　　　　北京艺术博物馆

　　　　　"老兵方阵"系列活动组委会

　　　　　河北大学宋史研究中心暨历史学院

　　　　　北京语言大学中华文化研究所

www.guoxue.com 首都师范大学国学传播中心

学术顾问委员会

主任　许嘉璐

委员
何兹全	北京师范大学教授	曹先擢	中国语言文字工作委员会原主任
饶宗颐	香港中文大学教授	罗宗强	南开大学教授
霍松林	陕西师范大学教授	方立天	中国人民大学教授
冯其庸	中国艺术研究院研究员	傅熹年	北京市建筑研究所研究员
夏传才	中国诗经学会会长	傅璇琮	中华书局原总编
戴　逸	中国人民大学教授	李学勤	清华大学教授
汤一介	北京大学教授	董治安	山东大学教授
宁　可	首都师范大学教授	章培恒	复旦大学教授
欧阳中石	首都师范大学教授	黄天骥	广州中山大学教授
庞　朴	中国社会科学院研究员	袁行霈	北京大学教授
白化文	北京大学教授	林文照	中国社会科学院研究员
乐黛云	北京大学教授		

美哉世博
The Wonders Of
Expo 2010, Shanghai China

美哉世博
The Wonders Of
Expo 2010, Shanghai China

目 录
Contents

前 言

请勿攀爬 请勿触摸

1867年，巴黎世博会，开幕式，法国国王和王后参观机器馆

1878年，巴黎世博会，中国馆

前　言
Preface

　　1851年，英国伦敦举办"万国工业博览会"，一项由众多国家参与的展示人类文明进程的展示活动，从此闪亮登场。1910年，小说家陆士谔在其幻想小说《新中国》中，以梦托愿，遐想百年之后强盛的中国举办万国博览会，地点正是上海。当历史的镜头慢慢摇过159年的岁月并定格在黄浦江畔时，一幅美伦美奂的长幅画卷跃入眼帘，让人赞叹不已。

　　洋洋世博，万国炫奇，争奇斗

艳，风彩各异，世博带着她倾城的笑容，走进了我们的百年梦想。这是一次比历届世博会拥有更多参展国、更大园区、更多参观者的世博会，这是一次让世界近距离了解中国的世博会，这是一次中国向世界各国学习的世博会，这是世博史上的一次世界文化大交流。

世博之美，美在形，"形美以感目"。伸展色彩与线条构成的华丽翅膀，世博的绰约和风姿，在我们的眼中瞬间蔓延开，绚丽多彩，风情万种。

世博之美，美在意，"意美以感

1867年，巴黎世博会，埃及馆

1878年，巴黎世博会，清政府首任
驻英法大使郭嵩焘参观中国馆

1867年，巴黎世博会。北部展区施工现场，画面有湖、假山、灯塔、教堂等

1867年，巴黎世博会，俄国馆

1867年，
巴黎世博会，
德国馆

心"。触摸历史与文明这对清晰的脉搏，世博的创意与智慧，在我们的心中慢慢浸润着，珠联璧合，魅力四射。

不同风格的文化在这里相遇，不同文明的成果在这里呈现。"各美其美，美人之美，美美与共"，此情此景，怎能不令人怦然心动？

大和之境，大美无言！

这美，召唤着我们拿起镜头，循着城市的足迹，从晨光初绽到繁星似水，走遍世博的各个角落，捕捉她呈现的每一道风采，每一缕娇娆；传递她演绎的每一个主题，每一份诉求。一幅幅高清精美的图片，超越时空和

地域、超越语言和种族，传递出世博场馆抒情诗一般的神韵，直抵心灵。

我们喜欢并钟情于用田园牧歌式的图画来描绘我们生存的地球，渴望流放掉岁月的悲伤与冰冷。而这一次的上海世博，给予了我们那么多的营养与能量，让我们的作品可以充满更多的和谐与温暖，清澈与美好。

愿世博之美伴随着每一度的花开花落，将她的幸福与光明引向未来，引向世界的每个地方。

美哉，世博！

尹小林

2010年5月

1878年，
巴黎世博会，
日本馆

1867年，巴黎世博会，法国馆

1867年，巴黎世博会，法国馆中展出的手工艺品

Urbanian Pavilion
城市人馆

主　题：人的全面发展是城市可持续发展的前提

有人的地方就有家，有家的地方就有梦。追梦的路上虽各尝各的辛酸苦辣，幸福的滋味却万变不离其宗。

Pavilion of City Being

城市生命馆

主　题：城市如同一个生命活体，城市生命健康需要人类共同善待和呵护

当清晨的第一缕阳光照进广场，城市的灵魂苏醒了。你听天上的钟声，那是他的心在跳。你听地下的水声，那是他的血在流。

《春秋左传》

Pavilion of Urban Planet

城市地球馆

主　题：人类、城市、地球是共赢、共生的关系

我们总是把地球踩在脚下，贪婪地向她索取。直到她的血已榨干，泪已流尽，面容憔悴，不复昔日丰盈，我们才懂得她的伟大和珍贵。珍惜地球吧，她是我们的母亲！

Pavilion of Footprint

城市足迹馆

主　题：展示世界城市从起源走向现代文明的历程中，人与城市与环境之间互动发展
　　　　的历史足迹

我打尼罗河畔走过，那等在爱琴海边的浪潮如花开花落。通
天塔上的风，吹走了玛雅的太阳。清明雨里，不见了繁华若
梦的汴梁。

Pavilion of Future

城市未来馆

主 题：梦想引领人类城市的未来

是昨日的桃花源，还是明日的乌托邦，为何世界全然变了模样？为何汽车飞在空中，城堡漂在水上？为何总也走不出梦想的天堂？

Theme Pavilions

主题馆（全景）

〈论语〉 A

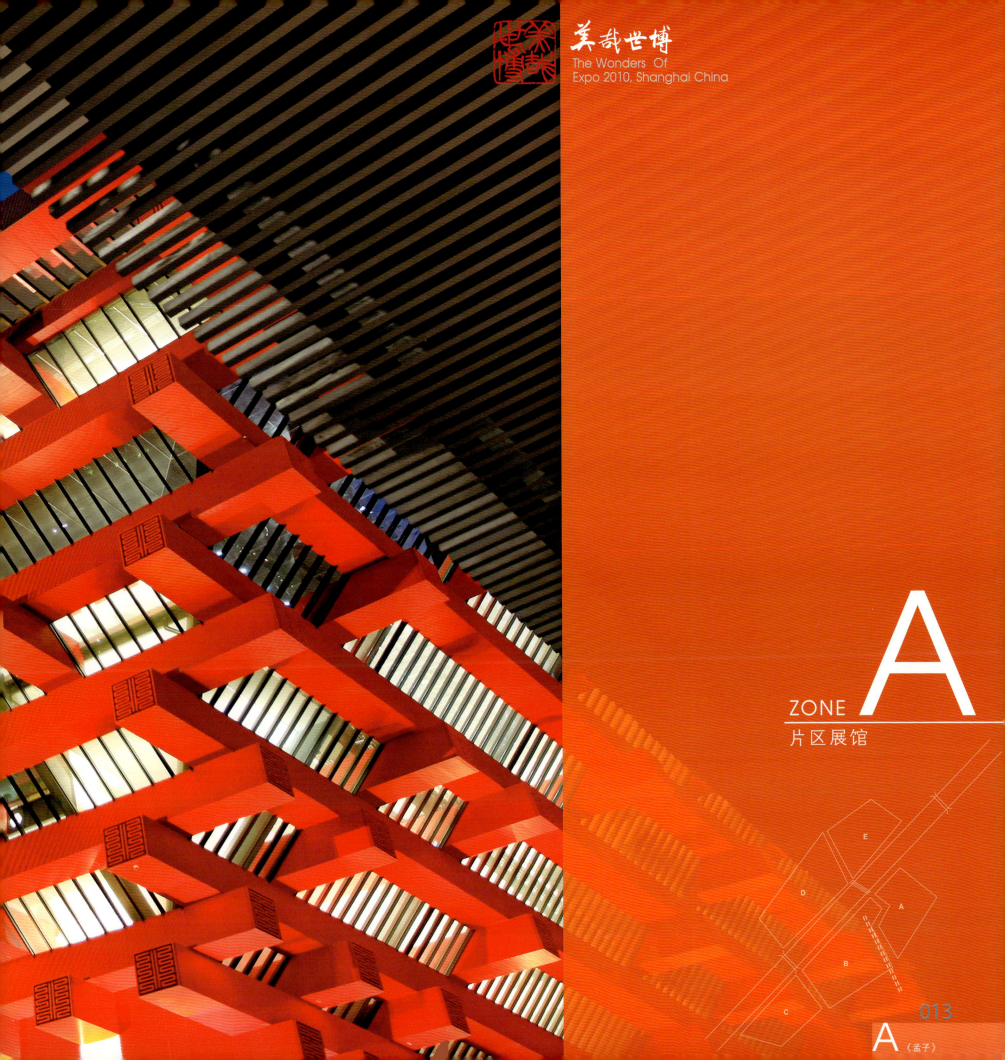

美哉世博
The Wonders Of
Expo 2010, Shanghai China

ZONE A

片区展馆

013

A 〈孟子〉

汉·韩婴
《韩诗外传》

A

China Pavilion

中国国家馆

主　题：城市发展中的中华智慧

东方之冠，鼎盛中华，天下粮仓，富庶百姓。

以道为体，以史为脉，以人为本，取其自然之姿，尽其自然
之势，浑厚古朴，豪壮中正，合天道而通人性。

汉·伏胜
《尚书大传》

 ## Turkmenistan Pavilion

土库曼斯坦馆

主 题：石油延续城市梦想

追随张骞的脚步，踏上通往西域的丝绸之路。千里戈壁茫茫，有驼铃在轻轻回响。明月尽处，却不期然邂逅汗血宝马的故乡。

日本馆

主 题：心之和，技之和

当樱花盛开的时候，当霞光升起的时候，紫蚕从梦中醒来，乘着明天的翅膀，飞向扶桑海上的太阳。

古称：扶桑、东瀛、大八洲

《隋书》："（日本），在百济、新罗东南，水陆三千里，于大海之中依山岛而居。魏时译通中国。"

宋·陆游《残春》："桑间葚紫蚕齐老，水面秧青麦半黄。"

汉·班固
《白虎通义》
A

Beijing Pavilion

北京馆

主　题：魅力首都——人文北京、科技北京、绿色北京

千年中轴线，十里长安街。每一道宫墙背后都铭刻着一段厚
重的历史，每一条胡同深处都珍藏着一个美丽的故事。

Tianjin Pavilion

天津馆

主　题：激情魅力滨海，生态和谐新区

潮起潮落，云卷云舒。东面的海风轻拂过五大道上西洋教堂的尖顶。三三两两的麻雀在柳枝间跳跃，仿佛管风琴奏出的音符。鼓楼的钟声穿越沧桑，响彻未来的天际。梦里忘不了的，依旧是那街边糖炒栗子的甜香。

A　汉·司马迁
《史记》

Hebei Pavilion
河北馆

主　题：京畿之地、魅力河北

西倚太行，东临沧海，左控津门，右辅京畿，此是燕家赵地。天高望断南飞雁，饮马长城水犹寒。往事越千年，多少繁华看尽。萧瑟秋风今又起，换了人间。

Shanxi Pavilion
山西馆

场馆主题：动力演绎时代

雄关漫道，表里山河。昔日走西口的少年，把对母亲的思念，筑成了高墙大院。古寺悠远的钟声，千载之下犹回荡在耳边。梦中的老槐树茂盛依然，荫庇百代，根连四海。杏花深处，不见了吹短笛的牧童，只有无言的汾水，还在执著等待秋雁归来。

Inner Mongolia Pavilion

内蒙古馆

主　题：城市发展中的草原文明

敖包上飘起洁白的哈达，篝火下响起深情的吟唱。晚风送走落日的余晖，带来奶茶的清香。引弓塞外，策马四方。天苍苍，野茫茫，风吹草低见牛羊。

Liaoning Pavilion

辽宁馆

主　题：钢韵海律话辽宁

天上第一只鸟儿从这里飞出，地上第一朵花儿在这里开放。钢铁铸成山的脊梁，挑起日月，追赶春秋。潮来又潮往，浪淘尽，谁是英雄？

Jilin Pavilion

吉林馆

主 题：长白山下放歌行

青山原不老，相思到白头。
瑶池月下开天镜，万壑涛声
动地来。松花江上渔歌唱，
放排犹有未归人。

Heilongjiang Pavilion

黑龙江馆

主 题：冰雪，让我们与众不同

好一个冰雪琉璃的世界！是
月里嫦娥的广寒宫，还是东
海龙王的水晶殿？江心一夜
冻三尺，岭头千树梨花开。
流霜了无痕，人在玉壶中。

Jiangsu Pavilion

江苏馆

主　题：锦绣江苏，美好家园

舟行明镜里，人在画中游。潭间云影方偷换，竹外泉声空自流。大江东去千帆尽，一桥飞跨彩虹边。高山仰止疑无路，曲径通幽别有天。

Zhejiang Pavilion

浙江馆

主　题：幸福城乡，美好家园

江南是竹林侧畔的小桥流水人家，江南是远山脚下的烟雨楼台杏花。江南是看不够的钱塘潮、西湖岸，江南是品不尽的虎跑泉、龙井茶，纤纤细手捧一盏，青瓷碗中水映天。

唐·房玄龄等《晋书》

Anhui Pavilion

安徽馆

主　题：徽文化让生活更多彩——无徽
　　　　不成镇

印象中的徽州似乎总是浸在
水墨里，一溜的重檐飞角，
一色的黛瓦粉壁。马头墙高
高翘起，仿佛在向天述说往
事。阁楼上的美人靠，留得
住深闺倩影，却留不住寂寞
黄昏。一道道巍峨的牌坊，
赢得令名，埋葬了青春。唯
有门前那一汪镜湖，依然不
改旧时波。

Fujian Pavilion

福建馆

主　题：潮涌海西，魅力福建

拜别了妈祖，踏上出海的码
头。乘风破浪，开辟一条蓝
色丝绸之路。午夜梦回，那
大榕树下的洛阳桥是否仍无
恙？月色悄然，依稀能看到
当年郑和远洋船队的帆影，
嗅到武夷山漂溢的茶香。

江西馆

主　题：生态江西

釉分五彩，素胚勾勒，淡妆浓抹总相宜。绘不尽的彭蠡烟、西江月，描不尽的庐山瀑布、井岗毛竹。白云回望合，青霭入看无。落霞与孤鹜齐飞，秋水共长天一色。

Shandong
Pavilion

山东馆

主　题：齐鲁青未了

有朋自远方来，不亦乐乎！齐鲁无所有，但有一山一水一圣人。仁者乐山，智者乐水。君不见，泰岳朝天峙，黄河入海流。子在川上曰：逝者如斯夫！

南朝梁·萧子显
《南齐书》

Henan Pavilion
河南馆

主　题：国之中，城之源

昔年大禹划天下，豫州独占国中央。天圆地方铸九鼎，南北东西控八荒。凿井耕田兮开彼四野，夯土筑墙兮建我家邦。嵩岳堪作顶梁柱，黄河且围晒谷场。前种牡丹后种菊，一朝收尽两春秋。

Hubei Pavilion
湖北馆

主　题：江湖连通，城市公园

楚天千里，秋水无涯。仙人已乘黄鹤去，箫声又引凤凰来。落日楼头，听得见江边纤夫的号子声声嘹亮。那船上满载的，可是巫山神女的叹息？想当年赤壁鏖战，樯橹灰飞烟灭；看如今英雄辈出，唯不改白云袅袅，不尽长江天际流。

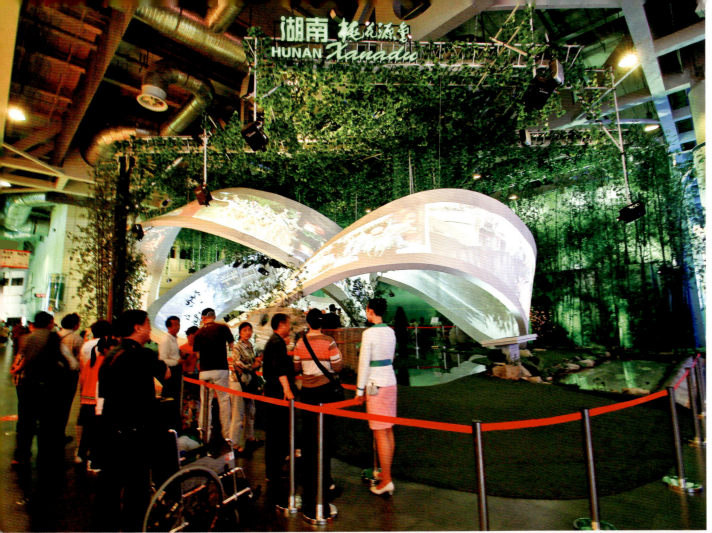

Hunan Pavilion

湖南馆

主 题：都市桃花源

梦中寻桃源，不觉忘归路。坐看云起时，行到水穷处。弃棹登岸穿幽径，别有天地非人间。岳麓山头霜林醉，洞庭月下白鹤翩。渔舟唱晚，樵歌互答。烟笼寒江，雁落平沙。暮雨千家潇湘夜，秋风万里芙蓉国。

Guangdong Pavilion

广东馆

主 题：广东骑楼，绿色生活

漫步在骑楼悠长的回廊上，仿佛徘徊于时光的喧嚣和宁静之间。一边是车水马龙的熙攘，一边是对弈品茶的从容。就连那廊内鳞次栉比的橱窗，也俨然成了一幅幅安详的风俗画。

A 唐·姚思廉《陈书》

Guangxi Pavilion

广西馆

主 题：绿色家园，蓝色梦想

三秋桂子，十里飘香。撑一支长篙，溯流而上，寻找刘三姐的故乡。欸乃一声山水绿，忽闻岸上踏歌声。曲终人不见，江上数峰青。

Hainan Pavilion

海南馆

主 题：海南，让您的生活更美好

才越五指山，又涉万泉河。前方已是茫茫天涯，身后猎手追赶的脚步仍未停下。叹息一声，美丽的鹿回过头来，目光过处立成碧海银沙。

Chongqing Pavilion

重庆馆

主 题：山地森林城市

轻舟弹指过，夔门天下雄。巴渝自古风云地，江声带雨远来急。雾锁重山城锁雾，寻寻觅觅，不见来时路。

唐·李百药
《北齐书》

Sichuan Pavilion

四川馆

主　题：水润天府，生命之舟

蜀味由来天下重，麻翻辣煮锦官城。山是雾腾腾的山，水是浪滚滚的水。即使峨嵋的月色，也比别处多了几分淋漓。正如那啼血的杜鹃，积了千年的愁怨，浓得化也化不开。

Guizhou
Pavilion

贵州馆

主　题：醉·美·贵州，避暑天堂

风雨桥上听风雨，桥下落花知几许？芦笙戏月彩云归，铜鼓赛神斗牛去。唱寨歌，跳傩舞。银镯响处，却是谁家窈窕女？看醉山前美酒河。

云南馆

主　题：七彩云南，和谐城乡

金马驮走月亮，碧鸡叫醒太阳。美丽的姑娘在竹楼上梳妆。苍山为台阁中放，洱海作镜正对窗。两朵羞涩的红霞飞起，好一副难描难画的旖旎模样。

Tibet Pavilion

西藏馆

主　题：天上西藏

最美不过青稞酒，最香不过酥油茶。这是荡涤心灵的圣殿，这是离太阳最近的地方，如此湛蓝的天，如此洁白的雪，雄鹰盘旋于神山之巅，仿佛在聆听远古的呼唤。圣湖水洗净了满身污垢，也洗净了往世红尘冤孽。

唐·魏征等
《隋书》

Shaanxi Pavilion
陕西馆

主　题：人文长安之旅

剪不断的乡愁，梦不完的长安。遥想当年，笙歌醉太平，翠盖连紫陌，飞花逐流莺。一朝兴至马蹄疾，满城遍看牡丹开。唐宫汉阙应犹在，只是明月改。灞桥柳色又一春，天涯望尽，何处是归程？

Gansu Pavilion
甘肃馆

主　题：丝路·城歌

羌笛何须怨杨柳，春风不度玉门关。那羊皮卷展开的丝绸古道上，是谁用坚毅的脚步写下青简，却被岁月的流沙渐渐磨灭？是谁反弹着琵琶在画里飞，却空等了一千个轮回？

Qinghai Pavilion
青海馆

主　题：中华水塔·三江源

我的名字叫黄河，长江是吾兄，澜沧为吾弟。我们虽各自在天涯流浪，却共同牵挂着自己的故乡。那里有豪迈的草原大叔，有美丽的冰川姑娘，还有我们念念不忘的父亲——巍巍昆仑。

Ningxia Pavilion
宁夏馆

主　题：天赋宁夏，融合之城

朔色长天，凤鸣塞上。黄河在静默的思念中缓缓流过，贺兰山的雪早已为她许下千年不变的诺言。

Xinjiang Pavilion

新疆馆

主　题：新疆是个好地方

掀起你的盖头来，让我看一看你的容颜。你的眉毛如天山上的新月般妩媚，你的眼睛像冰川下的清泉般明亮。百灵鸟从你的歌声中飞出，雪莲花在你的笑靥里绽放。弹起我心爱的热瓦甫，把你的美长留人间。

后晋·刘昫等
《旧唐书》
A

Shanghai Pavilion

上海馆

主　题：永远的新天地

上善若水，海纳百川。霓虹倒映的黄浦江，幻化成一面岁月交织的墙。前尘来世的一幕幕，在夜色中静静流淌。弄堂里的风筝，放飞童年五彩的梦。石库门内，关住了旧日的风雨，却关不住明天的太阳。

Uzbekistan Pavilion
乌兹别克斯坦馆

主　题：乌兹别克斯坦：文明的交汇

穿越时光之门，走进那传说中的宝库。黄金砌就的四壁，白玉雕成的尖拱，高高的穹顶绽放出蓝宝石的光芒。地上铺着五彩斑斓的毡毯，架上悬着绚丽辉煌的绣帐，还有那堆放在甬道两边的陶瓷、丝绸、锦缎，多得只怕永远也数不完。

宋·薛居正等
《旧五代史》

巴基斯坦馆

主　题：城市多样化的和谐

当新月升起的时候，一颗最明亮的星辰，坠落在拉合尔古堡的镜宫里，照亮了宁静浩瀚的银河。

Israel Pavilion

以色列馆

主　题：创新，点燃美好生活：与自然
历史和未来需求对话

我们总是在不停地流浪、流
浪，走过千年的沧桑，足
迹踏遍世界的每一个地方。
可是我们的心中永远忘不了
耶路撒冷的哭墙，那上面有
我们的眼泪，也有我们的希
望。就像那努力爬上沙滩的
贝壳，要亲眼看一看蓝天下
的太阳。

 Qatar Pavilion

卡塔尔馆

主　题：现今的雄心和未来的期望

不管经历多少风雨，巴尔赞塔依然坚定地矗立在波斯湾上，为归来的航船指引着方向。那船里，一半载着珍珠，白得就像男子发际飞扬的头巾；一半装着石油，黑得就像女子躲在面纱后的眼睛。

India Pavilion

印度馆

主　题：和谐之城

灼热的大地上，不知是谁种下了一棵生命之树，从此世界到处充满绿色的荫凉。恒河带着亘古的回忆静静流淌，虔诚的信徒们沐浴在水中，祈祷明天能降临阳光。莲花般的少女洗净皎洁的面庞，憧憬着额点朱砂的那一刻，等待着成为爱人的新娘。那云霞作成的曼妙纱丽，是神赐给她最美的嫁衣。

古称：天竺、乾竺、天毒、天督、天笃、身毒、兴都斯顿、痕都斯坦、温都、轩都斯丹

清·魏源《海国图志》："印度国，即兴都斯顿也（一作痕都斯坦，一作温都，亦有作轩都斯丹者），地隶阿细亚洲。西南地广，壤沃产丰，甲于诸国。"

Nepal Pavilion

尼泊尔馆

主 题：加德满都城的传说；寻找城市的灵魂；探索和思考

莫非这便是那传说中的众神之城？庄严的庙宇矗立云端，一座连着一座，穹顶映着阳光，恍若灿烂的星河。

古称：尼婆罗

A 明·宋濂等
《元史》

Taiwan Pavilion

台湾馆

主　题：山水心灯——自然·心灵·城市

放飞心中那一盏明灯，照亮归云回家的路。他的家在高高的阿里山上，在清清的日月潭边。寻梦的风，请别为他叹息。思乡的雨，请别让他哭泣。他要微笑着去拥抱他的母亲——那美丽的天堂。

Asia Joint Pavilion I
亚洲联合馆一

Maldives Pavilion

马尔代夫馆

主　题：马尔代夫的明天

若非来到这珊瑚上的千岛国，便不会知道，原来人间真的有天堂。翡翠般的海水，白玉般的沙滩，阳光清澈得好像水晶一样。椰风轻轻地吹，椰影轻轻地摇，月儿轻轻地入梦，连梦里也满是花香。

Timor-Leste Pavilion

东帝汶馆

主　题：和我们在一起，和自然在一起

日出而作，日落而息，披霞而去，踏月而回，宛如一幅古老的岩画，又仿佛陶渊明笔下的世外桃源，隔绝了世俗尘嚣。

Kyrgyzstan Pavilion

吉尔吉斯斯坦馆

主　题：比什凯克——向世界开放的城市

密密匝匝的绿意，几乎让人忘了遥远的从前，这里本是苍凉的丝绸古道。就在那个月下的唐朝夜晚，玄奘和李白彼此与时光擦身而过。

Tajikistan Pavilion

塔吉克斯坦馆

主　题：城市变迁与美好生活

雪山映着蓝天，璀璨得就像是草原头戴的王冠。悠扬的鹰笛在云间响起，飘过湖泊，飘过原野，飘进了葡萄架下，回荡在那遥望远方的姑娘心里。

Bangladesh Pavilion

孟加拉国馆

主　题：金色孟加拉的精神和成长

这才是名副其实的水乡泽国，地上的池塘比天上的星星还要多。踏着三轮车穿越大街小巷，看人来人往，一如看潮涨潮落。

古称：榜葛剌、孟加腊、孟阿拉、满加塔

清·魏源《海国图志》："《明史》作'榜葛剌'，此外《西夷书图》或云'孟加腊'，或云'孟阿拉'，或云'满加塔'，或云'明呀剌'，或云'明绞荤'，皆字殊音同。"

Mongolia Pavilion

蒙古馆

主　题：戈壁和城市

亿万年前的白垩纪，这里曾是恐龙的天下。就在那片茫茫戈壁之上，一场惊心动魄的"双雄会"拉开战幕。可惜故事刚到高潮，便随着世界的坍塌戛然而止，只将那激烈撕杀的一刻永远定格，仿佛是对人类无声的警示。

Asia Joint Pavilion II

亚洲联合馆二

 Yemen Pavilion

也门馆

主　题：也门：艺术与文明

穿梭在纵横交错的窄街小巷里，便仿佛堕入了时空的迷宫中。高耸的塔楼将阳光割裂成无数个碎片，映照在那一排排密如蜂巢的小窗上。每一个窗口，都在讲述着一千零一夜的故事。

汉·刘向
《列女传》
A

 Bahrain Pavilion

巴林馆

主 题：小即是美

一棵撑起希望的生命之树，一口带来繁荣的石油之井，一座纪念过去的珍珠之塔，一道通往未来的跨国之桥，这便是关于海水和火焰的全部记忆。

 Palestine Pavilion

巴勒斯坦馆

主 题：橄榄之城，和平之城

我们热爱橄榄枝，讨厌玫瑰刺。就像风筝执著地飞向天空，远离大地。我们绝不愿让手枪成为孩子的玩具。

A 汉·赵晔
《吴越春秋》

 Jordan Pavilion

约旦馆

主　题：我们的城市……我们的生活——超越平凡生活

传说沙漠中有一朵神奇的玫瑰，谁若是看见它，便能让时空倒回。为了寻找玫瑰，旅行者不惜跋涉千山万水，连最可怕的死海也不能让他却步，连最繁华的迪拜也无法让他留恋。终于玫瑰出现在他的眼前，转瞬间世界已变成阿里巴巴与四十大盗的年代。

 Afghanistan Pavilion

阿富汗馆

主　题：阿富汗——亚洲的心脏，机遇与资源之地

当战争的阴霾散尽，真主啊，请不要让风雨再来，请保佑蓝色清真寺那高耸的尖塔，永远撑起一片宁静的天空。

Syrian Pavilion

叙利亚馆

主　题：大马士革，最古老的首都，风采依然

三世同堂，共聚天伦，人生至乐，莫过于此。大马士革无疑
是幸福的，新旧之城两代儿孙都守在他的身旁。巴拉达河长
流不息，他的血脉也将绵延不绝。

Asia Joint Pavilion III

亚洲联合馆三

Laos Pavilion
老挝馆

主　题：魅力之城——琅勃拉邦，迷人
　　　　的世界遗产小镇

湄公河畔，晚风轻拂，温柔
得就像这里的黄昏。普西
山上的金塔在夕阳下熠熠生
辉，那是勃拉邦佛在微笑。

Myanmar Pavilion
缅甸馆

主　题：在和谐的生态系统中城市化

蒲甘四万八千塔，多少风铃
动至今。这是真正佛光普照
的国度，出家人无处不见，
诵经声无处不闻。即使寻常
的小桥流水，也透着几分世
外的安详。

古称：骠国、掸国

 Iran Pavilion

伊朗馆

主　题：城市多元文化的融合

波斯就像一个遥远而缥缈的梦，虽然《二十四史》里不时可见其一衣半角，却依然难窥真容。印象中的波斯俨然一位圣哲般的老人，拥有《列王纪》那样恢宏的气度，和《蔷薇园》那样深刻的智慧，便如一把摩天的宝剑，与日月同辉。

古称：安息、波斯、波祗、婆剌斯

The Kingdom of Saudi Arabia Congratulates Shanghai and the People's Republic of China on the 2010 World Expo!

Saudi Arabia Pavilion

沙特阿拉伯馆

主 题：多元合一

月移海中，船行天上，灿烂的星光铺就丝绸般的大道，通向沙漠的彼岸，传说那里有一颗神奇的绿宝石。

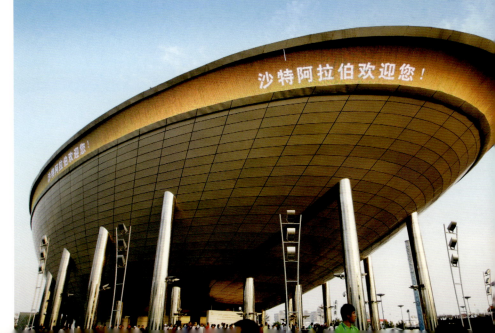
沙特阿拉伯欢迎您！

 Oman Pavilion

阿曼馆

主　题：阿曼——发现之旅

扬起心中的蓝帆，跟着辛巴达去探险。越过沙海，涉过流川，终于找到了向往已久的乐园。空气里弥漫着浓郁的甜香，乳酪筑成的宫殿随处可见。街上的行人微笑着从身旁走过，彩色的头巾迎风飞舞，美丽得如梦似幻。

古称：瓮蛮

A 唐·颜师古
《大业拾遗记》

 # United Arab Emirates Pavilion
阿联酋馆

主 题：梦想的力量

沙丘是移动的城堡，穿梭于过去和未来之间。天地阴阳，瞬息变幻。光影流转里，父亲心中那黑白的记忆，已在儿子的眼中化为一片斑斓。

唐·李白《沙丘城下寄杜甫》："我来竟何事，高卧沙丘城。"

唐·吴兢
《贞观政要》 A

 Kazakhstan Pavilion

哈萨克斯坦馆

主 题：阿斯塔纳——欧亚大陆的心脏

十年前，几乎没有人相信这个不起眼的荒野小城，会在未来执掌天下命脉。十年后，梦想照进现实，雏雁变成了草原上的雄鹰。那一条条通衢大道，一座座广厦高楼，将其今日国际化都市的气势彰显无遗。

A　宋·司马光
《资治通鉴》

Hong Kong Pavilion

香港馆

主　题: 无限城市——香港

头顶苍天，脚踩大地，挺直腰杆站在天地之间。香江是我的血脉，狮子山是我的脊梁。海潮伴我入梦，醒来将又是一个紫荆花的春天。

 Vietnam Pavilion

越南馆

主　题：河内——升龙一千年

红河畔的雨季里，到处飘散着青竹的味道，就连脚下的石板路也发出青竹般柔润的光。穿着洁白奥黛的卖花姑娘，戴着青竹斗笠，挑着青竹扁担，从青竹桥上慢慢走过，美丽的身影在一片青竹林中渐行渐远。

古称：安南、交趾

Sri Lanka Pavilion

斯里兰卡馆

主　题：传统到现代的转变

是大陆留下的一滴眼泪，是沧海遗落的一颗明珠，是古堡里悠悠述说的尘封往事，是灯塔上默默守候的不倦夕阳。

古称：师子国、狮子国、僧伽刺、僧伽罗

唐·玄奘《大唐西域记》卷十一："僧伽罗国周七千余里，国大都城周四十余里。土地沃壤，气序温暑，稼穑时播，花果具繁。人户殷盛，家产富饶。"

Republic of Korea Pavilion
韩国馆

主　题: 和谐城市, 多彩生活

大象无形, 大美无言。那一个个顶天立地的文字, 书写的是昨日的历史, 更是明天的足迹。

Democratic People's Republic of
Korea Pavilion

朝鲜馆

主　题：人民的乐园

太阳在召唤，大地在苏醒，千里马驮来第一缕晨光，春天在
金达莱的笑容里盛放。

 Lebanon Pavilion

黎巴嫩馆

主　题：会讲故事的城市

 # Morocco Pavilion

摩洛哥馆

主　题：摩洛哥城市居民的生活艺术

当厚重的木门缓缓开启，时光便一脚踏入了天方夜谭的世界。乳白色的宫殿，马赛克的墙壁。站在高高的露台上，可以望见熙攘的街市中人来人往。各行各业的店铺作坊鳞次栉比，各式各样的叫卖吆喝此起彼伏。兴冲冲赶集的小毛驴与远道而来的浩大驼队擦肩而过。一切都是如此鲜活，仿佛永远不会褪色。

摩洛哥王国

Macau Pavilion

澳门馆

主　题：文化交融，和谐体现

嫦娥走失的玉兔，化成了人间的一盏宫灯。吹落在海里，被葡萄牙的船队带走。五百年的寻觅，五百年的祈盼，终于等到了归家的这一天。

宋·岳珂
《桯史》

ZONE B
片区展馆

 ## Malaysia Pavilion

马来西亚馆

主　题：和谐城市生活，融洽马来西亚

我的家是太平洋上的一条船，那巍然矗立的双塔是它高高的
桅杆。不管经历多少风吹浪打，它永远停泊在我心灵深处的
港湾。

Pacific Pavilion
太平洋联合馆

Pacific Pavilion
太平洋联合馆

主　题：太平洋——城市灵感的源泉

茫茫大海上，不知是谁散落了一串珍珠，人间从此多了一片净土。那蓝天下的白沙和红花，是无数远航者心灵的归宿。

汤加王国
KINGDOM OF TONGA

欢迎汤加王国

FIJI

Republic of the
Fiji Islands

斐济洪和国

首都 · 亚伦区
Capital · Yaren
人口 · 12,000
Population · 12,000
独立日 · 1968年1月31日
Independence · 31 January 1968
货币 · 澳大利亚元
Currency · Australian Dollar
专属经济区 · 320,000平方公里
EEZ · 320,000 sqkm
土地面积 · 21平方公里
Land Area · 21 sqkm
最高点 · 61米
Highest Point · 61m

The Republic of Nauru

 Brunei Darussalam Pavilion

文莱馆

主　题：现在，是为了将来

云飞海底，鱼游天上，孤帆一片日边来，清风自在逍遥去，焉得委心任尔留。

宋·佚名
《大宋宣和遗事》
B

Pavilion
of Public
Participation

公众参与馆

主　题：我们的家园

漫游在历史的长卷上，我们留下的每一个脚印，都将改变未来的走向。

MeteoWorld Pavilion

世界气象馆

主　题：为了人民的平安和福祉

一叶知寒暑，滴水见乾坤。春去春回留不住，花开花落两由之。

宋·赵珙
《蒙鞑备录》
B

WTCA Pavilion

世界贸易中心协会馆

主　题：透过贸易促进和平与稳定

通天下之货，致四海之民，诚以立德，信以取利，交易而退，各得其所。

Life & Sunshine Pavilion

生命阳光馆

主　题：消除歧视、摆脱贫穷，关爱生命、共享阳光；城市让残疾人生活更美好

你可曾见过一双无神的眼睛，没有天空，没有彩虹？你可曾听过一首无弦的乐曲，只有寂静，只有沉默？分一点阳光给那些失去温暖的窗口，让未来这条路我们携手一起走。

唐·赵东曦《陪燕公游溳湖上寺》："琴将天籁合，酒共鸟声催。"

Indonesia Pavilion

印度尼西亚馆

主 题：生态多样性城市

明月入竹林，悄然上竹楼，不见倚竹人，但闻吹竹声。待得余音散尽，吹落一地竹影，吹动一帘竹风。

唐·王勃《赠李十四》："野客思茅宇，山人爱竹林。琴尊唯待处，风月自相寻。"

IFRC Pavilion

红十字会与红新月会国际联合会馆

主　题：生命无价，人道无界

人类虽然生而苦难，曾有太多黑色的梦魇，但只要红新月还挂在天上，红十字还刻在心中，便仍有战胜苦难的力量。

Joint Pavilion of International
Organizations

国际组织联合馆

SCO Pavilion

上海合作组织馆

主　题：和谐世界，从邻开始

海上升红日，霞光万丈长。
天地同携手，风云动四方。

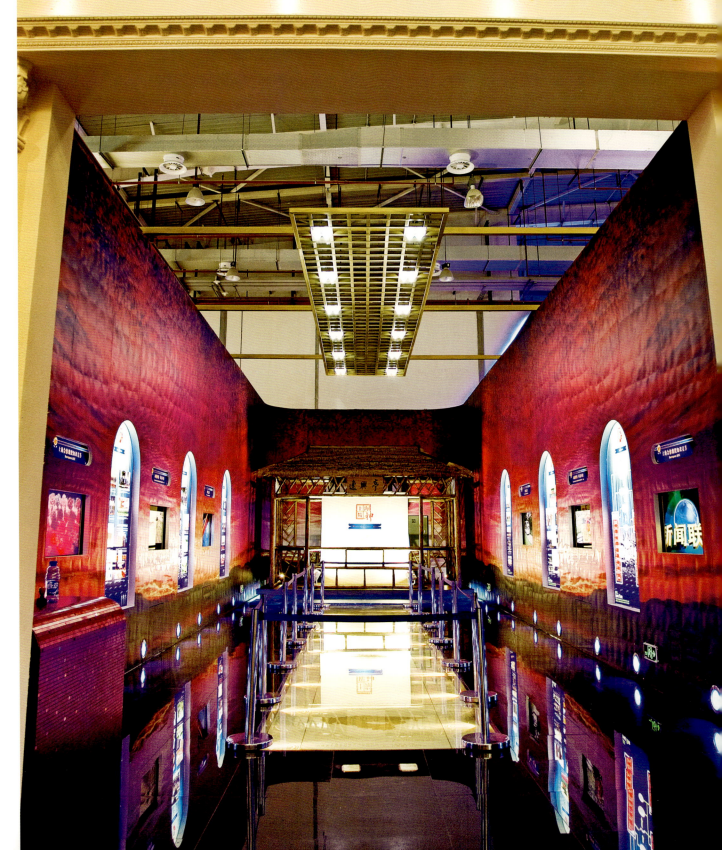

上海合作组织
Шанхайская Организация Сотрудничества

公共交通国际联会馆

主　题：选择公共交通，选择美好未来

徒步而走，乘车而行，飞天遁地，穿山越岭，梦有多远，路就有多远。

World Water
Pavilion

世界水展馆

主　题：生命之水，发展之水

当最后一滴泪已流尽，当最后一滴血已淌干，我们却已来不及后悔，只能深深叹息，为何当初没有珍惜一滴水。

WWF Pavilion
世界自然基金会馆

主 题：河流、港湾和城市

请把蔚蓝还给天空，请把碧绿还给河流，请把火红还给盛夏，请把金黄还给深秋，请不要让孩子们的笔下只有一轮黑色的太阳。

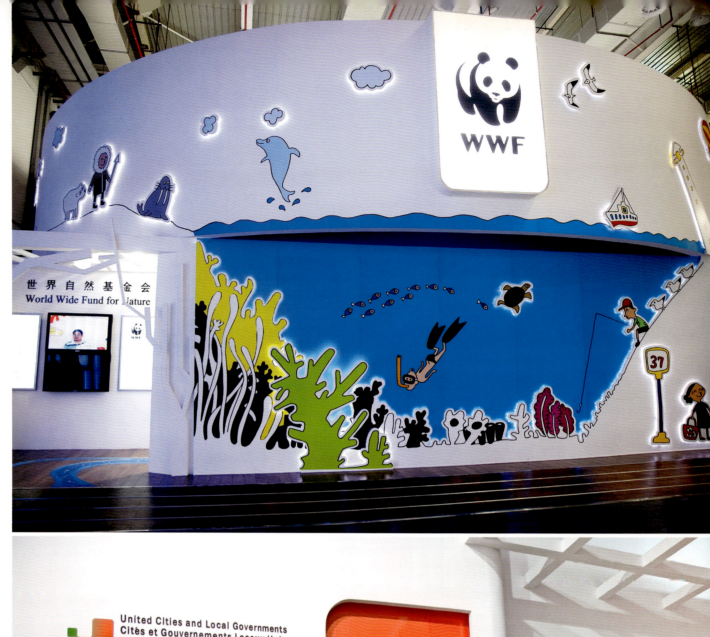

Pavilion of United Cities and Local Governments
世界城市与地方政府联合组织馆

主 题：男人和女人让城市更美好

东南亚国家联盟馆

主　题：理想、身份、社区

GEF Pavilion

全球环境基金馆

主　题：环保技术的投资

当山不再绿，当水不再清，
当天地一片污浊，日月失去
光明，除了在绝望中哭泣，
我们还能回去哪里？

COMESA
Pavilion

东南非共同市场馆

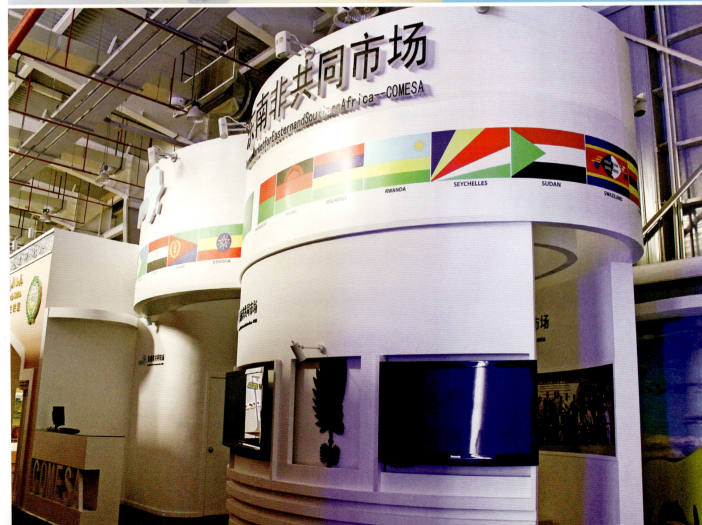

Pediment of a door

LAS Pavilion

阿拉伯国家联盟馆

主　题：古代与现代生活：22个城市，同样的语言，同样的文明

INBAR Pavilion
国际竹藤组织馆

主 题：竹藤·人居·环境

宁可食无肉，不可居无竹。
竹解心虚，乃是君子。与君
子相交，不亦乐乎！

ICOM Pavilion
国际博物馆协会馆

主 题：博物馆，城市之心

这里收藏的不是文物，而是
记忆。行走其间，似乎还能
聆听到昔日的对话，似乎还
能感觉到前人的呼吸。

法语国家商务论坛馆

主　题：美好生活之城

BFA Pavilion

博鳌亚洲论坛馆

主　题：博鳌亚洲论坛——亚洲寻求共赢
与天为友，纵论天下之事。
与海为邻，迎纳四海之朋。

DEVNET Pavilion

国际信息发展网馆

主　题：城市救援与和谐生活，国际沟通与合作

如光一般照亮天地，如水一般流布四海，如风一般传遍人间。

 Cambodia Pavilion

柬埔寨馆

主　题：城市中的文化生活

不知是因为神秘而愈显宁静，还是因为宁静而愈增神秘，金碧辉煌的王宫也好，蟠根盘虬的佛寺也罢，每一个角落，每一处细节，都仿佛笼罩在吴哥的微笑之下，似大欢喜，又似大悲悯。

古称：真腊、占腊，干不昔、甘不察、甘孛智、澉浦只

元·周达观《真腊风土记》："真腊国或称占腊，其国自称曰甘孛智。今圣朝按西番经，名其国曰澉浦旦，盖亦甘孛智之近音也。"

 ## Thailand Pavilion

泰国馆

主　题：泰国特色：可持续的生活方式

最是那象冠上的金塔，宛然古老的暹罗在轻轻合十。拈朵微笑的莲花，道一声萨瓦蒂卡，听阳光汩汩如泉，溢出心间，漫过天涯。

古称：暹罗、暹国、罗斛国

元·汪大渊《岛夷志略》："（罗斛）此地产罗斛香，味极清远，亚于沉香。"

明·严从简《殊域周咨录》："暹古名赤土，罗斛古名婆罗刹也。"

战国·韩非
《韩非子》
B

 Philippines Pavilion

菲律宾馆

主　题：表演中的城市

在琴弦间滑动，在键盘上翻飞，在惊涛骇浪里把握航向，在争分夺秒中拯救生命。手之舞之，此之谓也。

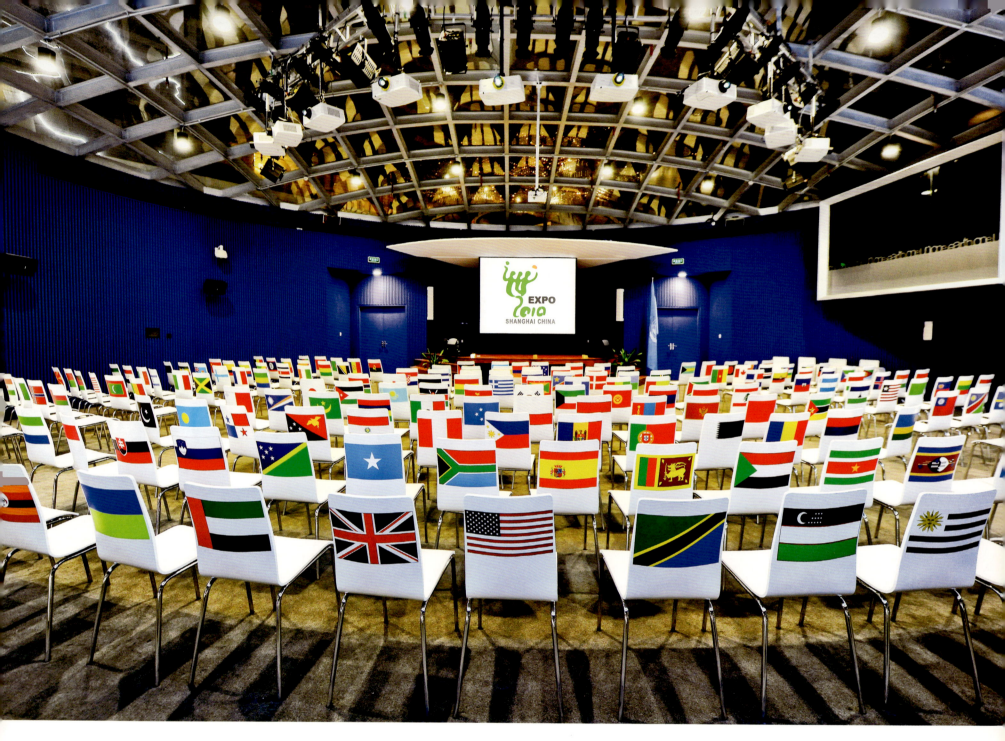

United Nations Pavilion

联合国联合馆

主 题：同一个地球，同一个联合国

四海之内皆兄弟，普天之下是一家。

战国·列御寇
《列子》
B

 Singapore Pavilion

新加坡馆

主　题：城市交响曲

打开上帝的音乐盒，聆听那来自天国的歌。歌声如汩汩清泉，渗入灵魂深处。一曲终了，余音犹在，月照林寂，水流花开。

古称：新嘉坡、星忌利坡、新州府、新地坡

New Zealand Pavilion

新西兰馆

主　题：自然之城：生活在天地之间

一声怒吼，森林把天地撑开，扯片云彩，擦亮日月，将光明重揽入怀。

古称：纽丝纶

战国·荀况
《荀子》
B

 Australia Pavilion

澳大利亚馆

主　题: 畅想之洲

你可曾记得那血色夕阳下的血色沙漠？你可曾记得那血色沙漠上的血色红岩？那是我们的祖先在心灵上立下的血色丰碑，只为了纪念那最初的血色童年。

古称: 奥大利亚

《外国史略》: "奥大利亚洲此地支港不多，江河亦少，海边有山岭，其地平坦，广有草场。巡游者虽多，终不知其内地形势之详。其北方近黄道，天气甚热，南方则冷，水凝冰结。内地低，夏时多东北东南等风，冬时多西北西南等风。天气之寒暖，与别国不同。往往冬夏相反，虽长亢旱而其露如滴，且无烟瘴，故外人至者皆服水土。"

B 春秋·孙武
《孙子兵法》

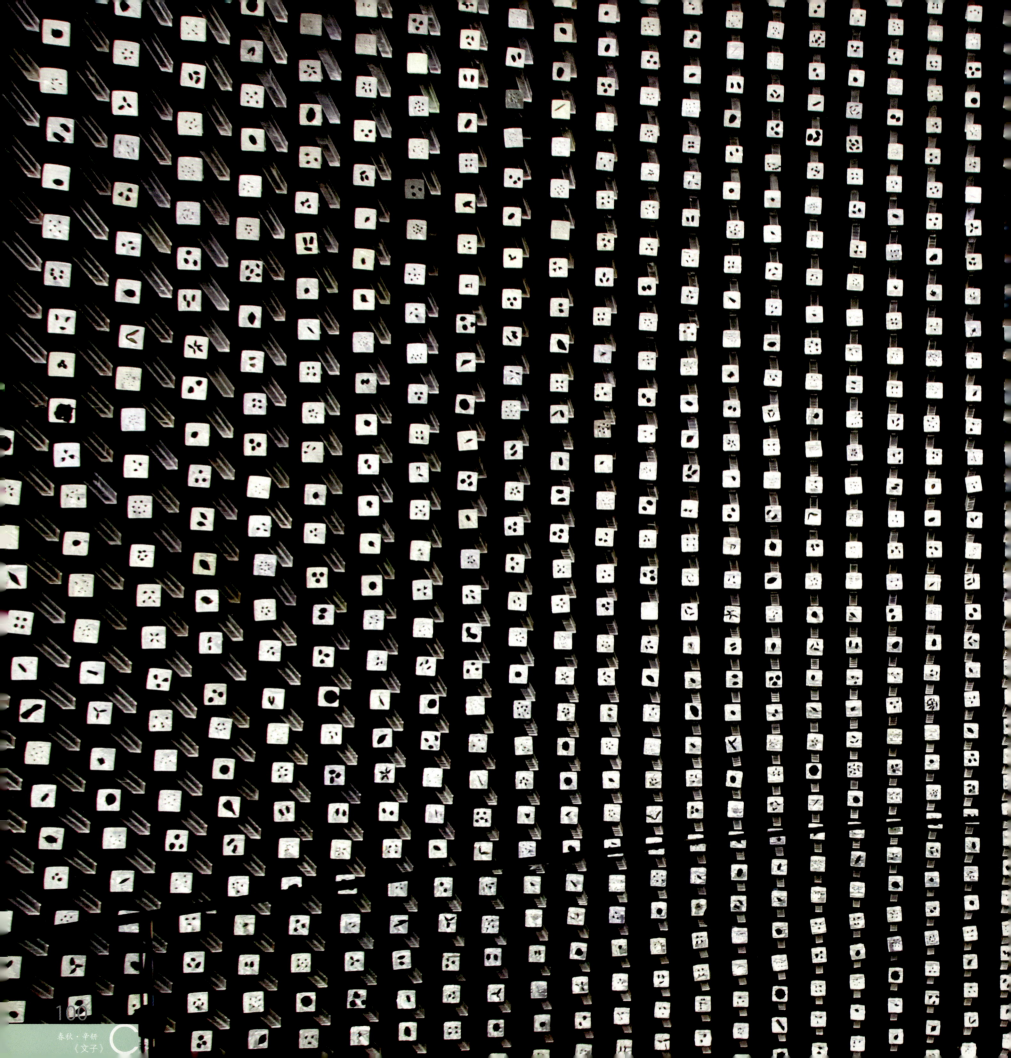

ZONE C

片区展馆

Turkey Pavilion
土耳其馆

主　题：安纳托利亚：文明的摇篮

曾经无数次梦见过那片神秘的高原，梦见那高原上满身是嘴的石崖和殷红如葡萄酒的落日。那是诺亚方舟的停靠之地，是圣诞老人的起源之地，是特洛伊战争的发生之地，更是基督徒们的朝圣之地。

古称：都鲁机、都鲁几、土尔几、土尔其

清·魏源《海国图志》："都鲁机国，疆域在阿细亚洲者半，在欧罗巴洲者半。在阿细亚洲者，曰南都鲁机，地广而沃。"

 Belgium-EU Pavilion

比利时–欧盟馆

主　题：比利时　运动和互动 ／ 欧盟　一个欧洲的智慧

浓情巧克力，熠熠钻石，凝聚欧洲的智慧，吸引世界的目光。

Joint Pavilion of Central and South
American Countries

中南美洲联合馆

Ecuador Pavilion
厄瓜多尔馆

主　题：厄瓜多尔的城市和历史中心：
建筑遗产和文化多样性

加拉帕戈斯，海龟游去，火
山犹在；雀鸟飞来，物竞天
择，适者生存。

《地理备考》："厄瓜尔多国，东
至巴拉西利国，西枕大海，南
接北卢国，北界新加拉那大国。
长宽皆约三千里，地面积方
三十八万里，烟户六亿三万余
口。地气温和，甚便居栖，田
土肥，贸易盛。"

Paraguay
Pavilion
巴拉圭馆

主　题：巴拉圭的能源与人民

古称：巴拉乖

《地理备考》："巴拉乖国，在美
里加州南区之中，乃巴拉大河
分国也。……本国平原广阔，
山林稀疏。"

 # Uruguay Pavilion

乌拉圭馆

主　题：品质生活，城市诺言

古称：乌拉乖

《地理备考》："乌拉乖国，在亚美里加州南区之东南。……有河曰巴拉大，曰乌拉乖，曰内哥罗塞波拉地等。"

Panama Pavilion

巴拿马馆

主　题：与世界相连的巴拿马城，一个可持续环境发展的现代城市

清·魏源《海国图志》："南墨利加洲之北，日巴拿马，南北洲之界也。"

Nicaragua Pavilion

尼加拉瓜馆

主　题：尼加拉瓜，独特……新颖

《地理备考》："尼加拉瓜国，东西相距，南北相距皆约百八十里，烟户约十万余口，气温土沃，都城建于高原，其通商冲繁之地六处。"

Guatemala Pavilion
危地马拉馆

主　题：玛雅人的遗产：一个永恒的春天

古称：危亚地马拉、跨的马刺

《地球图说》："跨的马刺国，又名危地马拉邦。东南西三面都界大洋，北界麦西可国，百姓约有二百万，都城名跨的马刺城，城内民六万。天气较麦西可国更热，以地当赤道之故也。内多火山，不时地震。"

《外国史略》："危亚地马拉国……地居南北墨利加一线相连之处，广袤六千五百三十里，居民百有十万。海隅港浅，船不能入，东有银山地出黛青，颇丰腴。"

Dominican Republic
Pavilion

多米尼加馆

主　题：热带风情，智慧生活

Bolivia Pavilion

玻利维亚馆

主　题：幸福生活的城市社区

古称：破利威、波里维、玻利非亚

清·魏源《海国图志》："破利威在秘鲁之南，安达斯大山，自西北来环国之西面如带，其西浮沙浸海，斥碛不毛。山以东横岭错出拓为平原，膏腴之土，蔬谷皆宜。因地产金银，举国以攻矿为业，农事全荒，恒苦饥馑，居民皆西人苗裔，善待宾客，温蔼可亲……兼产铜、铅、水银、胡椒、甘蔗、绵花、药材、颜料、香料。"

Honduras Pavilion

洪都拉斯馆

主　题：促进出口,缔造美好明天

翠色流空，满眼皆碧。这里的绿是如此纯粹，依然带着原始的气息。山是绿的，水是绿的，风是绿的，雨是绿的，就连阳光投下的影子，也是绿的。

《地理备考》："洪都拉斯国，长约一千二百五十里，宽约五百里。户口寥旷，地气湿热，田则膏腴，都城建于乌卢阿河滨，其通商冲繁之地三处。"

春秋·邓析
《邓析子》

 Costa Rica Pavilion

哥斯达黎加馆

主 题：与自然和平共处

古称：哥德黎加

《地理备考》："哥德黎加国，东西六百里，南北四百里，烟户约五百余口。气温土膄，都城建于平原，其通商冲繁之地，一名加尔达额，一名波卢加。"

El Salvador

萨尔瓦多

El Salvador Pavilion

萨尔瓦多馆

主　题：萨尔瓦多，火山之国

命运之神指引着哥伦布从这里发现了新大陆，却也将辉煌的
玛雅文化渐渐带入了西方殖民的火山灰里。幸耶？非耶？

古称：桑萨尔瓦

《地理备考》："桑萨尔瓦国，地面积方约有三万七千五百里，都城
离瓜的马拉国约七百里。土饶产丰，地气炎热，火山甚多，技艺贸
易皆盛。"

汉·桓宽
《盐铁论》

✚ Denmark Pavilion

丹麦馆

主　题：梦想城市

人生永远行驶在两条轨道上，一条是现实，一条是梦想。现实固然无法摆脱，梦想却可以让心灵超越。就像那安徒生笔下的小美人鱼，即使身化泡沫，也依旧在唱着最动人的歌。

古称：领墨、丁抹，大尼、丹麻尔、丹墨、嗹马、嗹国、黄旗国

《清史稿》："丹墨，即嗹马，在欧罗巴洲西北。其来市粤东也，以雍正时粤人称为黄旗国。"

清·魏源《海国图志》："嗹国，欧罗巴小国也。地形从日耳曼北出，如人之握拳伸臂于海中者，东界波罗的海，西界大西洋海，北隔海与那威邻，南抵日耳曼之伊尔河为界。地势参差，低洼平衍，高阜出水不过数尺；半多湖沙，物产歉薄；而陆地冲衢，据全洲要害。"

Ukraine Pavilion

乌克兰馆

主　题：从古老迈向现代

俄罗斯从这里走来。第聂伯河，乌克兰母亲滋润着这片黑土地。伟大的沃土啊，插进车杆，明天长出马车来。新丝绸路上，到处有面包和盐的款待。

Brazil Pavilion

巴西馆

主　题：动感都市，活力巴西

狂欢的王国，激情桑巴舞出热带风情，快乐足球踢出青春活力。别忘了来一杯香浓四溢的咖啡，沉淀年轻的梦想，酝酿灿烂的生命。

古称：巴悉、伯西尔

《万国地理全图集》："巴悉国，一作伯西尔国。东至大西洋海，西连路巴拉等国，南亦交巴拉，北连墨西可，与佛兰荷兰等藩属。……袤延方圆九百七十二里。其地之山不高，而大半平坦。其江河又多又长，普天下至长者曰亚马孙河，其口似海。凡悉河，由南流北，鸟路愚爱河，自北至南，两者皆长江也。此国之林木深密，财产山积，惜人迹难到，百物自萌自槁，其国出红木、珈琲、棉花、白糖、药材、牛皮、烟焉。又出金沙金刚钻石各项宝玉。"

 Cuba Pavilion

古巴馆

主　题：每个人的城市

加勒比海，阳光、白沙滩；自由古巴，雪茄、鸡尾酒。大自然的恩赐，每个人的城市。

Luxembourg Pavilion

卢森堡馆

主　题：亦小亦美

金色少女身着战袍，橄榄枝敬献勇士。为自由抗争的人们，筑起坚强堡垒，守护绿色家园。

 Belarus Pavilion

白俄罗斯馆

主　题：城市文化多样；城市良性经济；城市科技创新；居住环境提升；城市化进程

"自由的风为你的名字唱着自由的歌，绿林以亲切的声音为你呼唤，太阳以火焰歌颂着你声名远播，繁星为分散的力量倾注信念。"——《我们白俄罗斯人》

立陶宛馆

主　题：盛开的城市

教堂和城堡，红顶白墙，那是琥珀的故乡。热气球放飞了梦想，看繁花似锦，一片生机。

① Nigeria Pavilion

尼日利亚馆

主　题：我们的城市——和而不同

仿佛一位从天而降的神灵，祖玛岩孤独地守护着阿布贾的大门。那张神秘莫测的脸上，布满了岁月的沧桑，却也隐现着不灭的希望。

Canada Pavilion

加拿大馆

主　题：宜居城市：包容、可持续、创造性

只要树上还有一片枫叶，秋天就不会过去。只要心中还有一片赤诚，就可以拥抱整个天堂。

古称：坎拿大

南朝梁·萧绎
《金楼子》

Caribbean Community Pavilion

加勒比共同体联合馆

![Jamaica logo] Jamaica Pavilion

牙买加馆

Barbados Pavilion
巴巴多斯馆

主　题：城市多样化的融合

The Bahamas Pavilion

巴哈马馆

Caribbean Development Bank
Pavilion

加勒比开发银行馆

主　题：为加勒比人民创造美好生活

Caribbean
Community
Pavilion

加勒比共同体馆

主　题：不同岛屿　不同体验

Saint Vincent and
the Grenadines
Pavilion

圣文森特和格林纳丁斯馆

主　题：拱形城市

 Saint Kitts and Nevis Pavilion

圣基茨和尼维斯馆

主　题：城市文化的传承

 Guyana Pavilion

圭亚那馆

主　题：共同的人类，共同的国度，共同的使命

明·王阳明
《传习录》
C

Dominica Pavilion

多米尼克馆

主　题：自然城市的绿色生活

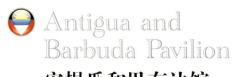

Antigua and Barbuda Pavilion

安提瓜和巴布达馆

主　题：海滩仅仅是一个开端

Suriname Pavilion

苏里南馆

伯利兹
Belize

伯利兹
Belize

伯利兹
Belize

Belize Pavilion

伯利兹馆

Saint Lucia Pavilion

圣卢西亚馆

Grenada Pavilion

格林纳达馆

主 题：城乡互动

 Trinidad and Tobago Pavilion

特立尼达和多巴哥馆

 Haiti Pavilion

海地馆

主 题：岛屿中之最美丽的

 Spain Pavilion

西班牙馆

主　题：我们世代相传的城市

岁月如藤，慢慢将前生的回忆蔓延成来世的梦想。就像迷失在一条陌生的街上，偶然邂逅了堂吉诃德和桑丘，才明白自己早已来过这里。那火热的弗拉明戈舞，那火红的斗牛士披风，沐浴在地中海的阳光下，何等鲜明，何等豪放。

古称：以西把尼亚、日斯巴尼亚、大吕宋、斯扁国、细班尼、西班亚、是班牙

清·魏源《海国图志》："大吕宋国，在葡萄亚国之北少西，亦明以来住澳之大西洋也。四围皆山，中央平衍。"

Hungary Pavilion
匈牙利馆

主 题：城市的建筑和文化的多元

这是一片会唱歌的森林，也是一颗会呼吸的心。只要心中还
有歌声，世界就还有光明。

古称：马札儿

 Iceland Pavilion

冰岛馆

主　题：清洁能源，健康生活

当午夜的阳光照彻亘古的寂寞，便注定了冰与火的相遇。千年不化的冰，千年不熄的火，彼此相生相克，却又永远不弃不离。

 ## Angola Pavilion

安哥拉馆

主　题：新安哥拉，让生活更美好

狂暴的风在沙漠中从古肆虐到今，却始终无法征服那个叫千岁兰的勇士。他愤怒地质问为什么，沙漠平静地回答：只要千岁兰的身体里还有一滴水，他就绝不会让自己倒下。

 Finland Pavilion

芬兰馆

主　题：优裕、才智与环境

月在天，雪在地，人在玉壶里。故国亲友如相问，一片冰心寄此生。

唐·张籍《赠王侍御》："心同野鹤与尘远，诗似冰壶见底清。"

 Croatia Pavilion

克罗地亚馆

主　题：两者之间的生活

宋·普济
《五灯会元》

🟢 Libya Pavilion

利比亚馆

无边的沙漠，无边的寂静，似乎永远没有尽头。直到利比亚之门的出现，希望才重新点燃。它就像一尊天神，庄严地屹立在黑夜和黎明之间，俯视着脚下的街市和城堡。时光流转，世界早已非复昨日容颜，只有那椰枣树摇曳的身影和清真寺高耸的尖塔还忠实地陪伴在它的左右。

 Greece Pavilion

希腊馆

主　题：POLIS：充满活力的城市

仿佛是一滴从爱琴海上吹来的海水，在昼夜交替之间映现出帕特农神庙的日升日落。微风拂过高大的柱廊，宛如欢快的手指滑过竖琴，弦声里流淌出的是荷马那不朽的歌吟。

古称：厄勒祭

《万国地理全图集》："希腊国者，土耳其邻国也，东、南、西三方至群岛海，北接土耳其国为半土……产棉花、南果、羊毛、干葡、荷果、橄榄油、五谷、烟，天气和暖，岭险峡邃。"

Algeria Pavilion

阿尔及利亚馆

主　题：父辈的屋子

沿着盘曲狭窄的街巷拾级而上，就像是在抚摸一位不屈的老人当年战斗时留下的伤痕，每一条都是无数鲜血和无比勇气的见证。

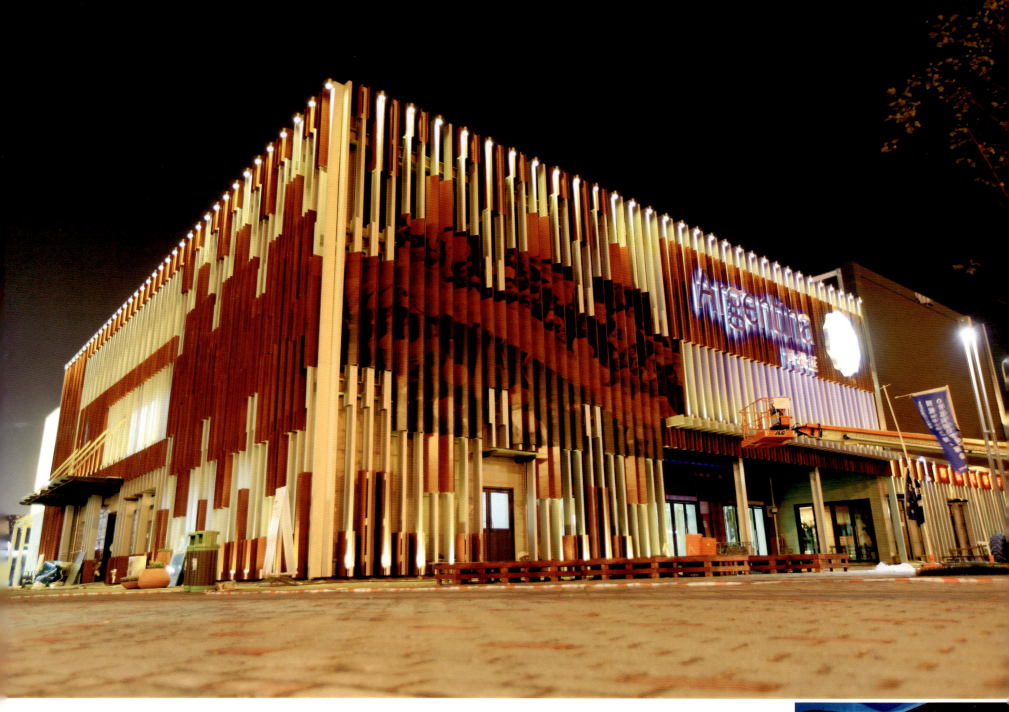

Argentina Pavilion

阿根廷馆

主　题：阿根廷独立两百周年纪念：人文与城市建设成就礼赞

太阳跳着探戈舞步升起在潘帕斯草原上，照得满天赛波花灿若云霞。篝火旁的马黛茶会已开始，四处飘散着烤肉的清香。年轻的骑手却悄然作别了众人，飞身跃马，驰骋远去，仿佛一位走入画中的游侠。

 Latvia Pavilion

拉脱维亚馆

主 题：科技创新城市

飞翔是风中蝴蝶的翅膀，是云间大雁的歌唱，是流星划过夜空的那一刻，是天使降临时的阳光。

英国馆

主　题：传承经典，铸就未来

春天的蒲公英，张开爱的翅膀，乘着轻风去飞翔。飞过一重重山峦，飞过一重重屋脊，飞越黑夜的边缘，飞至黎明的彼岸。带着母亲温柔的祈祷，飞落孩童梦想的心田，把希望的种子撒满人间。

清·魏源《海国图志》："英吉利，又曰英伦，又曰兰顿，先本荒岛，辟地居处，始自佛兰西之人。因戈伦瓦产锡最佳，遂有商舶往贸。"

《皇清四裔考》："英吉利，一名英圭黎，国居西北方海中，南近荷兰，红毛番种也。距广东界，计程五万余里。"

东汉·魏伯阳
《周易参同契》

Europe Joint Pavilion I

欧洲联合馆一

《老子想尔注》

Malta Pavilion
马耳他馆

主　题：马耳他：八千年的文明——生
　　　　活的中心

Cyprus Pavilion
塞浦路斯馆

主　题：互动之城

San Marino
Pavilion

圣马力诺馆

主　题：城邦国家

Liechtenstein
Pavilion

列支敦士登馆

主　题：尊重与对话

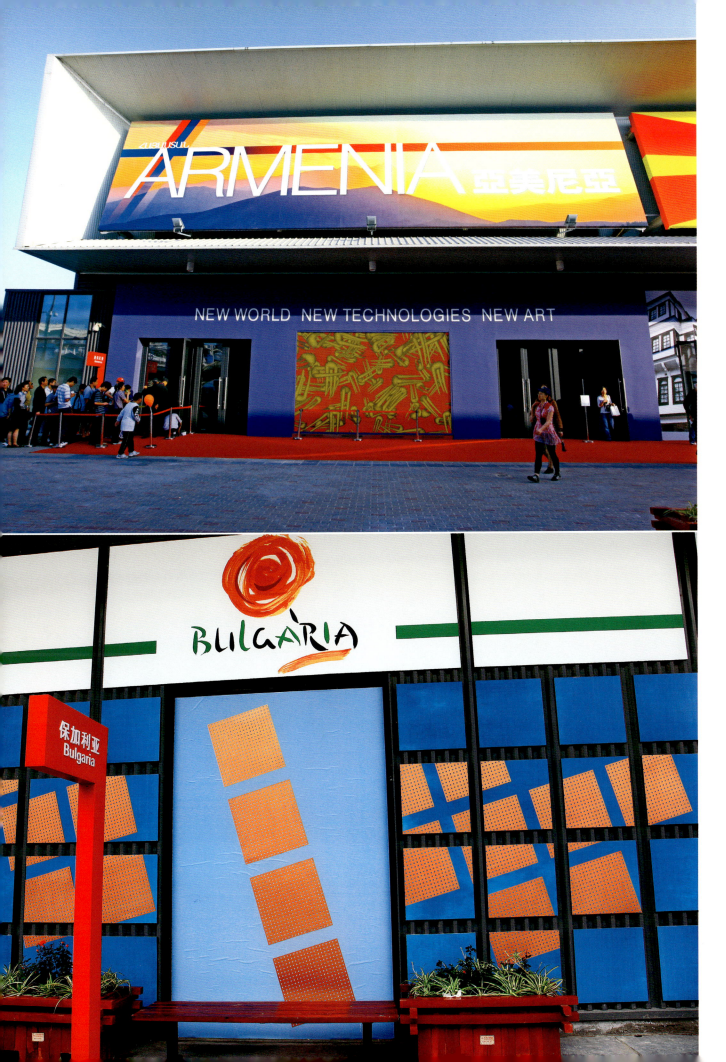

Armenia Pavilion

亚美尼亚馆

主　题：世界之城

Bulgaria Pavilion

保加利亚馆

主　题：城市遗产传承与共享

 Albania Pavilion

阿尔巴尼亚馆

《鬼谷子》

 Azerbaijan Pavilion

阿塞拜疆馆

主　题：连接东西方的十字路口

 Pavilion of the former Yugoslav
Republic of Macedonia

前南斯拉夫马其顿共和国馆

主 题：城市延续

Georgia Pavilion

格鲁吉亚馆

Montenegro Pavilion

黑山馆

主　题：黑山——文明与自然间的桥梁

 Moldova Pavilion

摩尔多瓦馆

主 题：此城即彼城

Africa Joint
Pavilion
非洲联合馆

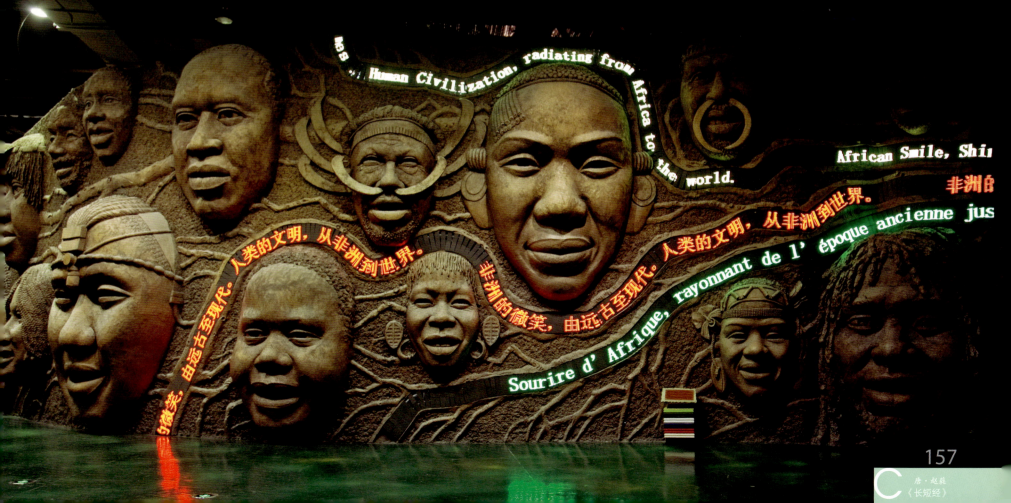

Human Civilization, radiating from Africa to the world.

African Smile, Shi₁

人类的文明，由远古至现代。人类的文明，从非洲到世界。

非洲的微笑，由远古至现代。人类的文明，从非洲到世界。

非洲白

Sourire d' Afrique, rayonnant de l' époque ancienne jus

Guinea Pavilion
几内亚馆

主　题：不同环境和自然资源条件下的
　　　　城市发展

Guinea-Bissau Pavilion
几内亚比绍馆

主　题：城市化、环境与可持续发展

宋·苏轼《追饯正辅表兄至博
罗赋诗为别》："舣舟蜑户龙冈
窟，置酒椰叶桄榔间。"

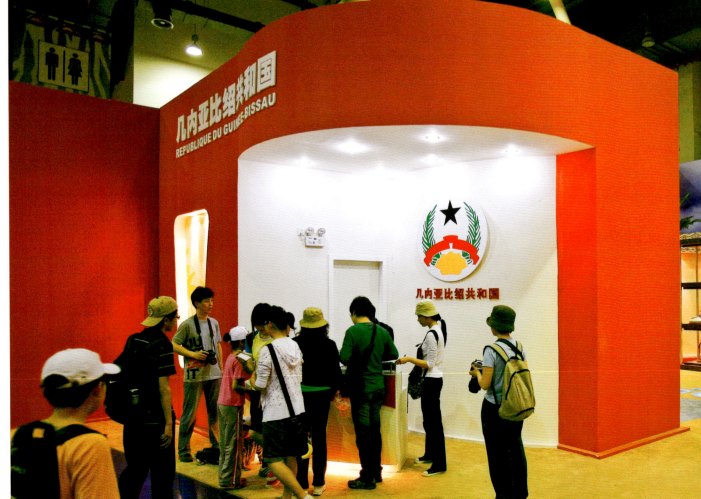

Madagascar Pavilion

马达加斯加馆

主　题：自然生活生态多样化－文化－
　　　　发展－旅游

Mali Pavilion

马里馆

主　题：城市经济的繁荣

Malawi Pavilion
马拉维馆

主　题：马拉维——睿智之举，带来美好生活

唐·孟浩然《晚春》："二月湖水清，家家春鸟鸣。林花扫更落，径草踏还生。"

Gambia Pavilion
冈比亚馆

主　题：为美好生活改变我们的城市

宋·周紫芝《再赋两首》："晚來幽事亦可喜，忽有渔舟时傍门。"

 Eritrea Pavilion

厄立特里亚馆

主　题：厄立特里亚城市化的哲学和发展

明·皇甫汸《陪都行》："明珠为佩曳彩裙，临风百和兰茝熏。"

Central African Pavilion

中非馆

主　题：城市经济的繁荣

唐·杜甫《院中晚晴怀西郭茅舍》："复有楼台衔暮景，不劳钟鼓报新晴。"

 Benin Pavilion

贝宁馆

主 题：作为可持续发展动力的农村土地划归城市

宋·吴泳《祁山歌上制师闻敌退清水县作》："鸦噪山田忙种麦，七方新堡高插云。"

Mauritius Pavilion
毛里求斯馆

主　题：岛国城邦

唐·白居易《西湖晚归回望孤山寺赠诸客》："卢橘子低山雨重，棕榈叶战水风凉。烟波澹荡摇空碧，楼殿参差倚夕阳。到岸请君回首望，蓬莱宫在海中央。"

Mauritania Pavilion
毛里塔尼亚馆

主　题：毛里塔尼亚古老城市与现代城市间的对立统一

Uganda Pavilion

乌干达馆

主　题：乌干达城市化理念与实践

宋·张耒《登海州楼》："城外沧溟日夜流，城南山直对城楼。"

Burundi
Pavilion

布隆迪馆

主 题：人与自然共存

Rwanda Pavilion
卢旺达馆

主 题：基加利市：新生的卢旺达经济
　　　　繁荣的中心

Chad Pavilion
乍得馆

主　题：城市规划与和谐城市

宋·黄庭坚《武昌松风阁》："依山筑阁见平川，夜阑箕斗插屋椽。"

Niger Pavilion
尼日尔馆

主　题：控制城市扩张，推动城市发展

宋·欧阳修
《洛阳牡丹记》

 Ghana Pavilion

加纳馆

主　题：花园之城

唐·白居易《奉和思黯自题南庄见示兼呈梦得》："谢家别墅最新奇，山展屏风花夹篱。"

 Gabon Pavilion

加蓬馆

主　题：城市和乡村的完美结合

宋·辛弃疾《浣溪沙》："城中桃李愁风雨，春在溪头荠菜花。"

Djibouti Pavilion

吉布提馆

主 题：吉布提，经济枢纽

Republic of the Congo Pavilion

刚果（布）馆

主　题：现代化的自然生活（生物多样
　　　　性、文化、发展和旅游）

宋·傅察《牡丹》："何似城南
王处士，满园无数斗新奇。"

Democratic Republic of the Congo Pavilion

刚果（金）馆

主　题：繁荣的城市，丰富的资源

Togo Pavilion

多哥馆

主　题：城市经济的繁荣

Equatorial Guinea Pavilion
赤道几内亚馆

主 题：城市的可持续美丽

Sudan Pavilion
苏丹馆

主 题：城市与和平

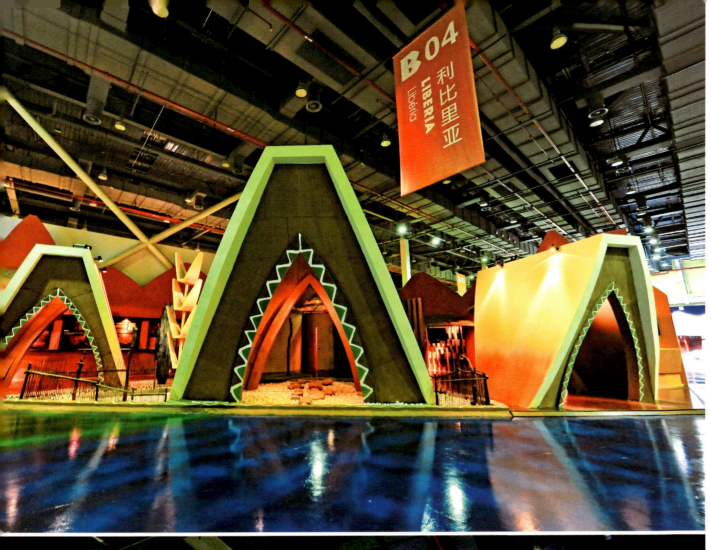

Liberia Pavilion

利比里亚馆

主　题：安全缔造和平城市

Cape Verde
Pavilion

佛得角馆

主　题：佛得角城市：袖珍岛国的全球化

Namibia Pavilion
纳米比亚馆

主　题：体验生活多样性

United Republic of Tanzania Pavilion
坦桑尼亚馆

主　题：坦桑尼亚可持续发展的城市化：达累斯萨拉姆和桑给巴尔城市案例

African Union Commission
Pavilion

非洲联盟馆

主　题：清洁能源对非洲城市管理的巨大影响

 Kenya Pavilion

肯尼亚馆

主　题：发现之城，和谐之城

 Zimbabwe Pavilion

津巴布韦馆

主　题：改造社区家园，创造美好生活

唐·张固
《幽闲鼓吹》

Côte d'Ivoire Pavilion
科特迪瓦馆

主　题：城市多元文化的融合

Ethiopia Pavilion
埃塞俄比亚馆

主　题：城市的综合遗产——埃塞俄比
　　　　亚经验

Comoros Pavilion

科摩罗馆

主　题：城市和生态旅游的共存

Lesotho Pavilion

莱索托馆

主　题：传统与现代城市

宋·王之道《为彭积甫题熙春堂》："似闻伐石旋诛茅，已见高堂荫乐郊。"

Mozambique
Guinea Pavilion

莫桑比克馆

主　题：地区繁荣，美好生活

181

Somalia Pavilion
索马里馆

主　题：博萨索：一座具有无限潜力的
　　　　城市

Botswana
Pavilion
博茨瓦纳馆

主　题：和平的遗产

宋·洪迈
《容斋随笔》

Cameroon
Pavilion

喀麦隆馆

主　题：城市社区的重塑

Senegal Pavilion
塞内加尔馆

主 题：基础设施建设，可持续与和谐
　　　　发展的推动力

Seychelles Pavilion
塞舌尔馆

主 题：可持续的城市发展：塞舌尔特例

Sierra Leone Pavilion
塞拉利昂馆

主　题：推动发展，加快城市进步

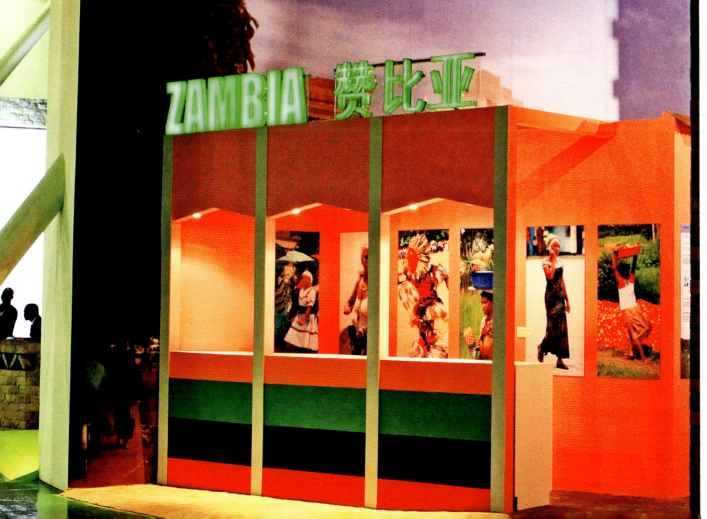

Zambia Pavilion
赞比亚馆

主　题：提高赞比亚都市生活质量

宋·孟元老
《东京梦华录》

 ## Romania Pavilion

罗马尼亚馆

主 题：绿色城市

每个人的心里都藏着一只青苹果，正如每个人的童年都怀着一个未来的梦。梦境成真的时候，就是青苹果成熟的时候。

 Venezuela Pavilion

委内瑞拉馆

主 题：美好的生活创造美好的城市

曾有刹那的恍惚，仿佛正漫步在北京的胡同深处，一样幽静的庭院，一样怡神的荫凉。直待蓦然回首，遇上了西蒙·玻利瓦尔沉毅的目光，方才惊觉竟已是徘徊在博尔赫斯的交叉小径上。

古称：委内瑞辣

《地理备考》："委内瑞辣国，东枕海暨古牙内地，西连新加拉那大国，南接巴拉西利国，北界海。长约三千五百里，宽约二千二百五十里，地面积方四十一万里，烟户八亿五万余口。地气互异，平原燠烈，山谷温和，高阜严寒，土膄产丰。"

France Pavilion

法国馆

主 题：感性城市

晨雾中走来一位凡尔赛女郎，拥有迷梦一样的笑容，玫瑰一样的芬芳。喷泉也不由为她起舞，鸟儿也不住为她歌唱。她的裙摆拂过柔软的草地，留下一路花香。静静的运河流过她的身旁，她轻轻地驻足，轻轻地坐下，慢慢被时光雕成了一尊水边的阿狄丽娜。

古称：佛郎机、佛朗基、佛朗西、拂兰祭、和兰西、勃兰西、法阑西、佛国

《清史稿》："法兰西，一名佛郎机，在欧罗巴之西。"

清·魏源《海国图志》："佛兰西国，古曰俄尔北，与英吉利对峙，仅隔一港，并近荷兰。东界耶玛尼国、瑞国、意大里国，南抵海，并比利里山，西抵大洋，四围非山即海，形势崎岖。"

 Poland Pavilion

波兰馆

主　题：波兰在微笑

扯一片云霞，剪出似锦繁花，剪出肖邦故园里流转的四季，剪出波兰微笑里如歌的年华。

古称：孛烈兀

宋·王辟之
《渑水燕谈录》

 Bosnia and Herzegovina Pavilion

波黑馆

主 题：整个国家——一个城市

 Norway Pavilion

挪威馆

主　题：大自然的赋予

北极光唤醒了沉睡的森林，群山开始起舞，百鸟开始飞翔。
大海聆听着那来自天外的足音，唱起了记忆中的第一支歌。

古称：那威

South Africa Pavilion

南非馆

主　题：一个现代经济的崛起——是时候了

站在好望角回首远眺，整个世界尽收眼底。曾经的阴霾早已被宽恕的阳光驱散，辽阔的草原上晴空万里。南非这头豹中之王正蓄势待发，静候着腾身而起的那一刻。

明·杨慎
《古今风谣》
C

 Russia Pavilion

俄罗斯馆

主　题：新俄罗斯：城市与人

为什么城堡变成了花儿？因为春天来了。为什么风车变成了蜻蜓？因为快下雨了。为什么房子要住在树上？因为它有会飞的翅膀。为什么汽车不用喝汽油？因为它喜欢吃草莓酱。为什么牵牛花爬得比云朵还高？因为他想和月亮说悄悄话。为什么向日葵开得比屋顶还大？因为他的孩子多得挤不下。

古称：罗刹、逻车、露西亚、斡罗思、阿罗思、鄂罗斯、兀鲁思

清·魏源《海国图志》："俄罗斯旧国，即古时额利西，意大里之东北边地，所谓西底阿土番是也。近数百年始强盛，疆域甲于诸洲。"

 USA Pavilion

美国馆

主　题：拥抱挑战

辽阔的天空上，一只雄鹰在展翅翱翔。他看见茫茫东海岸边飘来各种旗号的船，他看见越来越多的高楼耸立在山谷之间，他看见勇敢的大篷车队浩浩荡荡地向西部挺进，他看见悲伤的老人河艰难地穿越南北战争的硝烟，他看见一片荒土终于变成了一座花园。

古称：亚墨利加合众国，大亚美理驾合众国、咪哩干、弥利坚、米利坚、米国、兼摄邦、合省国、花旗国

《地球图说》："合众国又名弥利坚，又名花旗国。东界大西洋，南界麦西可海，西界麦西可国，并大东洋，北界英属国。"

清·朱影寿
《旧典备征》

☾ Tunisia Pavilion

突尼斯馆

主　题：融于自然的热力之都

面朝大海，春暖花开。漫步在蜿蜒的鹅卵石小路上，恍若穿行于蓝天白云之间。四顾皆是蓝的窗，白的墙，氤氲在淡淡的茉莉花香里，纯真得有如童话。

195

 ### Egypt Pavilion

埃及馆

主　题：开罗，世界之母

古老的尼罗河滔滔不绝地流淌了几千年，连两岸的风都带着古老的气息。法老的时代久已逝去，只有金字塔还在守候昔日的尊严。狮身人面像的目光穿越历史的烟尘，落在如今繁华的街市上。那西装革履间悠然飘过的宽袍大袖，依稀还能让他忆起曾经的辉煌。

古称：密昔儿

Netherlands Pavilion

荷兰馆

主　题：快乐街

从前有个传说，传说里有个王国，王国里有条快乐街，街上到处充满了快乐。你看那一座座透明的小屋，多像魔术师的水晶球，每一个水晶球里都藏着一个惊喜。

古称：和兰

《清史稿》："和兰，《明史》作'荷兰'，欧罗巴滨海之国。"

清·赵翼
《陔余丛考》

 Colombia Pavilion

哥伦比亚馆

主　题：激情哥伦比亚，活力都市

春天似乎永远留在了这里，不然蝴蝶为何纷纷不肯离去？难道黄金湖底真的有一颗传说中的祖母绿？或许只有海边的那座夕阳古堡才能解开这个谜。

古称：可仑比亚、可仑巴、金加西蜡

《瀛环志略》："可仑比亚，一作可仑巴，一作金加西蜡，南亚墨利加极北境也。西北至巴拿马，与危地马拉接壤，东界英吉利新地，东南界巴西，西南界北与西皆界海。纵横皆约五千里。西界安达斯大山，有火峰，以阿利诺、马加他二河为大。"

Peru Pavilion

秘鲁馆

主　题：食物哺育城市

炼乳配上布丁，大虾佐以白酒，就好像印加古堡与西班牙教堂为邻，印第安人与欧亚非移民相遇，别有一番滋味在心头。

Ireland Pavilion
爱尔兰馆

主　题：城市空间及人民都市生活的演变

穿越一道又一道古老的石门，仿佛在穿越一重又一重历史的
断面。耳畔是从竖琴上流淌而出的天籁之声，悠远得亦如历
史的回音。

Estonia Pavilion

爱沙尼亚馆

主　题：节约城市——为城市的明天储
　　　　蓄智慧

储蓄阳光，是为了天空不再
有阴霾。储蓄善良，是为了
人间不再有黑暗。储蓄智慧，
是为了我们还会有明天。

 Czech Pavilion

捷克馆

主　题：文明的果实

圣约翰聂波姆斯静静地伫立在查利大桥上，望着脚下流淌了千百年的伏尔塔瓦河。远远传来广场的钟声，沉重得就像是他的叹息。他已经历了太多的风雨，他希望将来能看到一大片草地，有小伙子和姑娘们在跳欢乐的波尔卡，有孩子们在玩神奇的木偶戏。他希望布拉格的春天永远也不要走，永远都留在这里。

 Slovenia Pavilion

斯洛文尼亚馆

主 题：打开着的书

乘一叶扁舟，在书海中漫游。采撷智慧的浪花，在历史的夜空上刻下未来的满天星斗。

 Slovakia Pavilion

斯洛伐克馆

主　题：人类的世界

一堵斑驳的老墙，一堵光洁的新墙，面对面站立在一起，就好像在互相审视着隔世的自己。

Portugal Pavilion

葡萄牙馆

主　题：葡萄牙，一个面对世界的广场

来到这大陆的尽头，一股直挂云帆济沧海的豪情油然而生。这是远航者梦开始的地方，几百年前，人类就是从这里转动了整个地球。

古称：布路亚、葡萄亚、博都尔噶亚

清·魏源《海国图志》："布路亚国，古名鲁西达尼阿，与大吕宋毗连一区。西南俱界大海，东北俱界大吕宋。"

 Chile Pavilion

智利馆

主　题：纽带之城

或许只有复活节岛上的巨人们才敢用如此硕大的水晶杯。站在杯沿上俯视杯底，其深如井，直通世界的彼端，人物山川依稀可见，缥缈得仿佛一座海市蜃楼。

古称：治利、治理

《外国史略》："治利国为南洲之狭地，广袤八千方里，居民七十七万九千口。东面皆高山……山高千五百丈，岭常积雪，出金银，而多地震。且矿山无水草，不出五谷，惟兼出铜、硝、石盐……民多勤劳。"

 Austria Pavilion

奥地利馆

主 题：畅享和谐奥地利

阳光走在琴弦上，留下天籁般的跫音。时而若潺潺流水，时而如嘤嘤鸟鸣。时而温柔得仿佛蓝色多瑙河月夜下的呼吸，时而悠远得好像阿尔卑斯山冰雪下的回忆。每一曲都是一个美丽的梦。

古称：奥斯马加、奥地里加、奥地利亚

《清史稿》："奥斯马加即奥地利亚，久互市广东，粤人以其旗识之，称双鹰国。"

 Switzerland Pavilion

瑞士馆

主　题：城市和乡村的互动

心随境转，境随心移，从日内瓦喧嚣的都市到阿尔卑斯山下宁静的田园，也只在转念之间，因为这本就是人生的两面。

古称：绥沙兰、大尔马齐亚

清·魏源《海国图志》："《职方外纪》谓之大尔马齐亚，与佛兰西、意大里、耶马尼、奥地里亚犬牙相错者也，与瑞丁之可称一瑞字者迥别。"

🇸🇪 Sweden Pavilion

瑞典馆

主　题：创意之光

长袜子皮皮就像是个自然的精灵，蹦蹦跳跳穿梭在大片大片的白桦林中，一头红发如朝阳般耀眼。湖光山色掩映林间，纯净得不带一丝尘垢。

古称：瑞丁

《清史稿》："瑞典即瑞丁，在欧罗巴西北境，与那威同一区。"

Italy Pavilion
意大利馆

主 题：人之城

小时候，总喜欢摆弄那副老积木来搭建梦想中的城堡。长大了，梦想中的城堡已在眼前，却又希望它依旧变回那副老积木，仿佛自己也能变回童年。

古称：伊达里、以他里、义大里、义大利、意大里亚、意大利亚

清·魏源《海国图志》："意大里亚，欧罗巴中央之区，西北一隅依阿利大山，余三面皆滨地中海。"

 Serbia Pavilion

塞尔维亚馆

主　题：城市代码

时间在地图上不停地走，滴答滴答，清晰得就像城市的心跳，每一声里都包含着无数等待破解的历史密码。

Mexico Pavilion

墨西哥馆

主　题：更好的生活

满天的风筝捎来满怀的信笺，每一只信笺里都装着一声来自仙人掌故乡的问候。

古称：麦西可、墨是可、墨西科、墨西果、美诗哥

《地理备考》："美诗哥国，一作墨西科。……其地北境旷漫，有草无木，民以游牧为生。南广东硗瘠，而西膏腴，百卉繁生，果实皆备，土产五金、矾、煤、丝麻、蜡、蜜、水银、棉花、烟叶、甘蔗、胡椒、牙兰米，以及木材、香药。而大利则在于银，攻矿之厂，三千余所。各国行用番饼，出于墨西科者三分之二。地气互异，海滨酷热难堪，内地温和。其地弥高，其热弥少，若高至四五百丈则有如芳春景象，人安物阜。倘或再高，气亦递寒，至于冰雪凝积。则数日间，四时景象，俱骈集焉。"

 Germany Pavilion

德国馆

主　题：和谐都市

再见吧，亲爱的海港，明天我就将起程远航。我要带着银色的梦想，去茫茫宇宙自由闯荡。我要用万众呼喊的力量，去转动那永恒的太阳。

古称：日耳曼、热尔马尼、邪马尼、耶马尼、热尔玛尼、者尔麻尼、亚勒马尼、亚墨尼、亚咩里隔，独逸、亚勒曼尼亚、阿里曼、德义志

《清史稿》："德意志者，日耳曼列国总部名也，旧名邪马尼，居欧洲中原。"

明·兰陵笑笑生
《金瓶梅》

Monaco Pavilion

摩纳哥馆

主　题：摩纳哥的今昔和未来，不断发展的城市国家面临的挑战

背倚崇山，面朝大海，一座倔强的岩礁傲然挺立在天地之间，任岁月的刀锋刻上他的脸庞，却依然不曾改变那最初的信念。

比利时
BELGIUM

欧盟
EUROPEAN
UNION

ZONE D

片区展馆

明·凌濛初
《初刻拍案惊奇》

Shanghai Corporate Joint Pavilion
上海企业联合馆

主 题：城市，升华梦想

大隐住朝市，小隐入丘樊。庄周与蝴蝶，喧嚣与逍遥，缘在梦想。

唐·张说《对酒行巴陵作》："梦中城阙近，天畔海云深。"

Space Home Pavilion

太空家园馆

主　题：和谐城市，人与太空

仰望星空，试问生命何去何从？一沙一世界，一花一天堂，有梦就有家。

唐·白居易《登香炉峰》："不穷视听界，焉识宇宙广。"

Japanese Industry Pavilion

日本产业馆

主　题：来自日本的美好生活

明·洪楩
《清平山堂话本》

D

PICC Pavilion

中国人保馆

主 题: 美好生活,爱与分担

宋·项安世《和高府州用韵相招》:"能使乡人保里闾,不能一日自安居。废兴何敢于人怨,温饱从来作计疏。"

明·许仲琳
《封神演义》

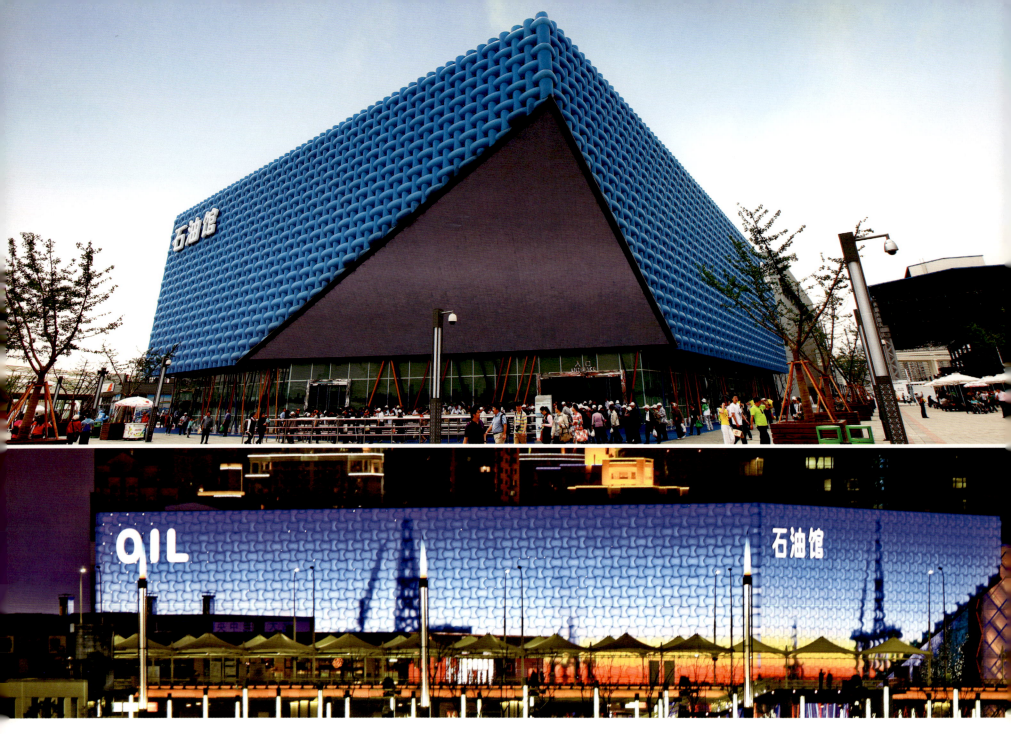

Oil Pavilion

中国石油馆

主　题：石油，延伸城市梦想

石油源于生命，又创造奇迹。"神舟七号"、空中客车、防弹衣、F1赛道、巨型轮胎……一条条管道通向地下，为千家万户延伸梦想。

明·陈鸣鹤《送人之缅甸》："蛮乡短信题金叶，山店孤灯点石油。"

China Railway Pavilion

中国铁路馆

主　题：和谐铁路，创造美好生活新时空

风驰电掣，划出梦幻的轨迹。田野在奔流，草地和树木在追逐。举目已觉千山绿，宜趁东风马蹄疾。

清·黄宗羲《玉川门与雁山夜话兼寄方密之》："铁壁飞泉多夺路，好山明月亦寻人。"

Coca-Cola Pavilion

可口可乐馆

主　题：欢聚世博，世界乐在其中

State Grid Pavilion

国家电网馆

主　题：创新，点亮梦想

打开电的魔盒，阴阳激耀，在黑暗中点亮希望。再回首，爱在灯火阑珊处。

Cisco Pavilion

思科馆

主　题：智能+互联生活

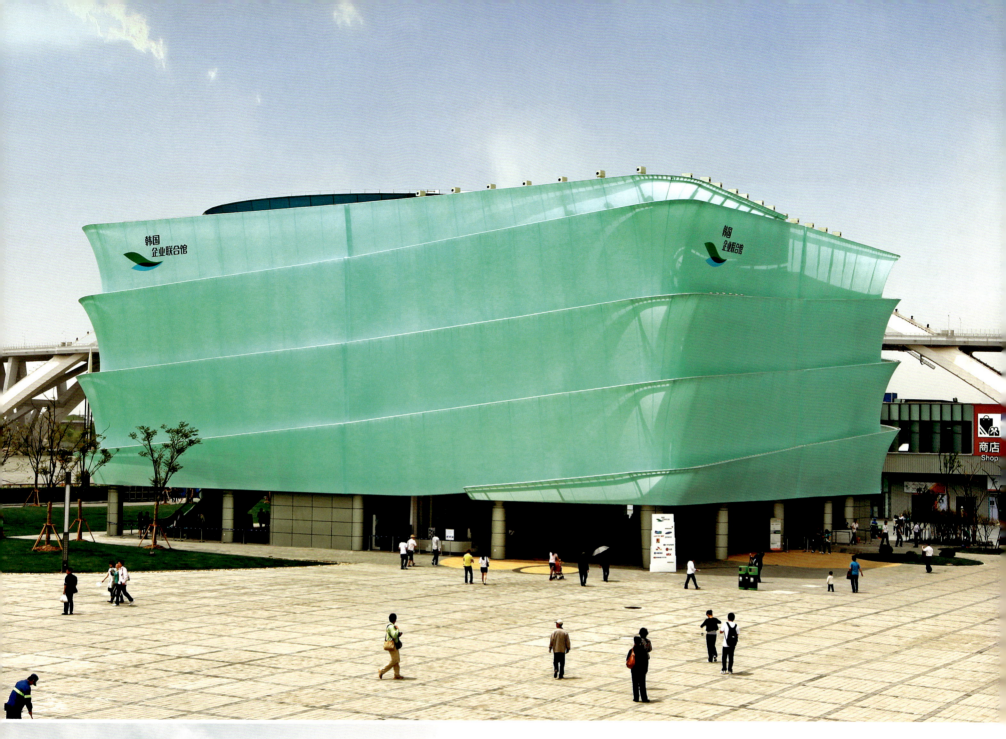

Republic of Korea Business Pavilion

韩国企业联合馆

主　题：绿色城市、绿意生活

舞动吧，绽放丰收的喜悦。旋转吧，快乐如风，绚丽如虹。

Aurora Pavilion

震旦馆

主　题：中华玉文化，城市新风格

《礼记·聘义》："君子比德于玉焉：温润而泽，仁也；缜密从栗，知也；廉而不刿，义也；垂之如坠，礼也；其终诎然，乐也；瑕不掩瑜、瑜不掩瑕，忠也；孚尹旁达，信也；气如白虹，天也；精神贯于山川，地也；圭璋特达，德也。"

宋·李复《天竺僧金总持》："金轮风火转无涯，震旦观光渡海沙。"

清·曾朴
《孽海花》

ZONE **E**

片区展馆

E

南朝梁·萧统
《文选》

Vanke Pavilion

万科馆

主　题：尊重的可能

国以民为天，民以食为天。2049，百年中国，人民的乐园。

宋·陈与义《秋雨》："是事且置当务本，菜圃已添三万科。"

SAIC-GM Pavilion
上汽集团—通用汽车馆

主　题：直达2030

自由移动，直达2030年。通往未来之路，一路平安。

Space Pavilion

中国航空馆

主　题：飞行连接城市，航空融合世界

飞翔吧！以激情为笔，在蓝天上画出优美的弧线。以梦想为尺，在地球上丈量爱的里程。

唐·刘复《寺居清晨》："青冥早云飞，杳霭空鸟翔。"

China Shipbuilding Industry Corporation Pavilion

中国船舶馆

主　题：船舶，让城市更美好

汉·王逸
《楚辞章句》

Chinese Private Enterprise Pavilion

中国民企联合馆

主　题：活力矩阵

南朝陈·徐陵
《玉台新咏》

Broad Pavilion

远大馆

主　题：寻找70亿人的方向

战国·宋玉《大言赋》："方地为车，圆天为盖，长剑耿耿倚天外。"

Information and Communication Pavilion

信息通信馆

主　题：信息通信，尽情城市梦想

是什么魔术让地球变小，让我和你在一起。这是信息的能量，心有灵犀一点通。

UBPA Display
城市最佳实践区建设案例

Ningbo Tengtou's UBPA Case
宁波滕头案例馆

案例名称：中国滕头 "城市化与生态和谐" 实践

Xi'an's UBPA Case

西安案例馆

案例名称：大明宫遗址区保护改造项目

清·张景星、姚培谦、王永祺编
《元诗别裁集》

Makkah's UBPA Case
麦加案例馆

案例名称：麦加米纳帐篷城

Vancouver's UBPA Case

温哥华案例馆

案例名称：文化遗产和宜居城市

Shanghai's UBPA Case

上海案例馆

案例名称：沪上生态家

Madrid's UBPA Case

马德里案例馆

案例名称：马德里公共廉租屋的创新试验

London's UBPA Case

伦敦案例馆

案例名称：零能耗生态住宅发展项目

Hamburg's
UBPA Case

汉堡案例馆

案例名称：新耐久性建筑项目

明·冯梦龙
《挂枝儿》

Alsace's UBPA Case

阿尔萨斯案例馆

案例名称：水幕太阳能建筑

清·沈蝉日《百字令》："水幕山窗，载琴载酒，正好开怀处。"

Rhône-Alpes Pavilion

罗阿案例馆

案例名称：城市环境下的环保能源和可持续家园

Macau's UBPA Case

澳门案例馆

案例名称：澳门百年老铺"德成按"的修复与利用

唐·卢纶《皇帝圣感词》："两阶文物盛，七德武功成。"

成都案例馆

案例名称：活水公园

飞旋之轮 欧登塞市丹麦

这是自行车复兴的现代童话。

如今，城市的发展揭示了新的篇章。我们通过复古的材料，创新的解决方案和对持续性已成为不可分割的整体。这是，我们展示的这是现代整体的核心－�'s自行车。所有的主题，让我们拥有的思维。环保自行车的新颖的创造生活方式和新材料看它复兴。

这是欧登塞市的新的童话。在现实，自行车不仅仅是你代步的工具，传达一种生活方式！

欧登塞市自行车骑着山西150公里，是升复兴工地挺此。欧登塞市世界舞台这是太阳光设的脚印多，以及创作的文化间和专于

"我们的时代，是一个真正的童话的时代。"

Odense's UBPA Case
欧登塞案例馆

案例名称：自行车的复活

罗阿灯光案例

案例名称：城市节能照明系统

Case Joint Pacilion 2

案例联合馆2

Case Joint Pacilion 3
案例联合馆3

Case Joint
Pacilion 4

案例联合馆4

Expo Center

世博中心

Expo Axis
世博轴

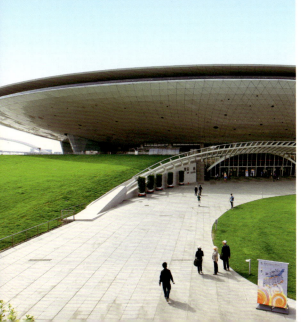

Expo Culture Center

世博文化中心

World Exposition Museum

世博会博物馆

Bao Steel Stage

宝钢大舞台

元·高明
《琵琶记》

Entertainment Hall

综艺大厅

明·汤显祖
《牡丹亭》

Bailianjing Garden
白莲泾公园

明·孟称舜
《娇红记》

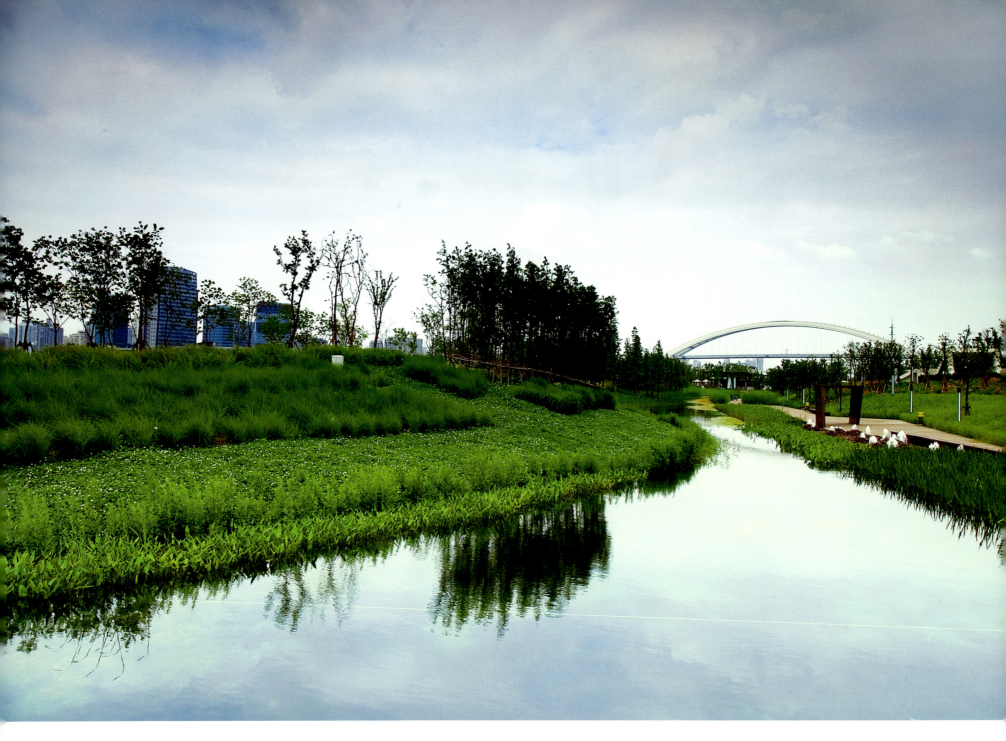

Houtan Garden

后滩公园

清·孔尚任
《桃花扇》

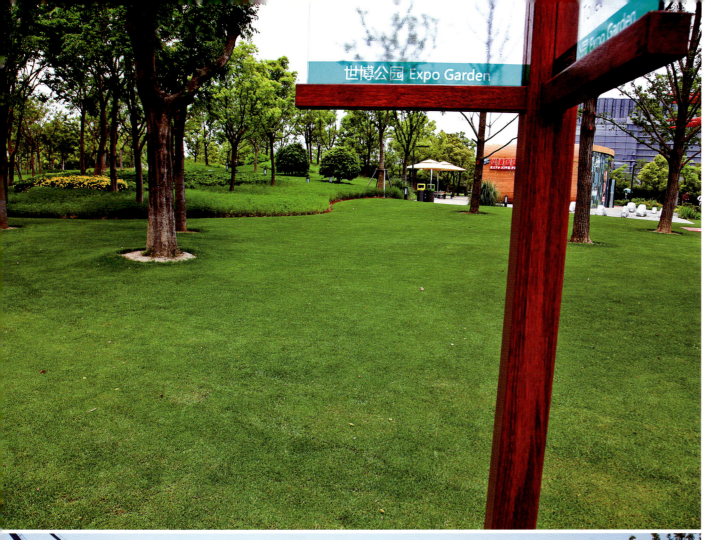

Expo Garden
世博公园

清·洪昇
《长生殿》

浮光掠影
Glance

唐·杜正伦
《文笔要诀》

南朝梁·钟嵘
《诗品》

唐·孟棨
《本事诗》

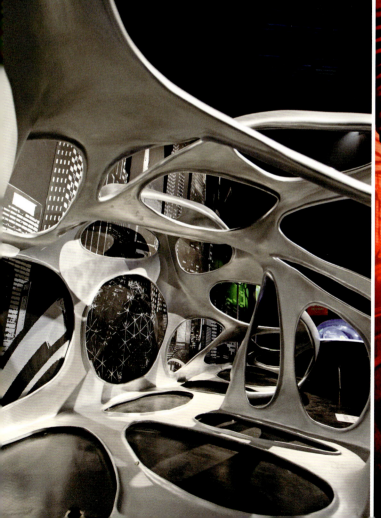

273

清·赵翼
《瓯北诗话》

清·叶申芗
《本事词》

伊拉克
جمهورية العراق

清·李渔
《闲情偶寄》

NEW ZEALAND
新西兰

日本

MALAYS!A PAVILION
EXPO 2010 SHANGHAI CHINA

UN
Expo 2010
Shanghai

sharing
inspiration
Finland | EXPO 2010

澳大利亚
SHANGHAI WORLD EXPO 2010
AUSTRALIAN PAVILION

CHINA PAVILION
中国馆

中国2010年上海世博会
EXPO 2010 SHANGHAI CHINA
2010.5.1~10.31
城市 让生活更美好
Better City, Better Life

当日·优惠票
5月15日

中国2010年上海世博会
EXPO 2010 SHANGHAI CHINA
2010.5.1~10.31
城市 让生活更美好
Better City, Better Life
平日·优惠票
¥100

中国2010年上海世博会
EXPO 2010 Shanghai China
护照
Expo 2010 Shanghai China
PASSPORT

后　记

Afterword

经过一个多月的紧张工作，《美哉世博》画册载着我们太多的希望和感受面世了。

我们希望画册从东方美学的视角出发，用厚重博大的中国传统文化去诠释当代都市的经典生活，用充满诗情画意的美文去抒写东方式的感悟；希望摄影师用其独特的艺术眼光，去捕捉每座场馆所代表的国家和城市的独特魅力，定格丰富多彩的多元文化；希望画册达到天人和谐、中外合璧、图精文美的境界；希望画册能够帮助人们架起一座从历史感知未来的桥梁，使"中国感受世界，经典诠释未来"的编辑立意在画册中得以充分体现。

为了这些希望，我们做了最大的努力。但是时间有限，世博场馆太多太美，而我们的镜头又太少太短，很多经典诗词没有来得及精挑细选，一些画面似应处理得更加精美，这些遗憾也不经意地散落在画册中了。

作为世界文明古国的中国，早在3800年前的二里头文化中就已经出现城市的雏形。此后的岁月里，城市作为中华文明的核心，在传承民族文化精神的过程中，也一直不断吸收着外来文化的营养。唐代的长安城，曾是当时东方也是世界上最繁华的大都会，而今天的上海，更可谓集世界城市文化之大成。如果说中国传统文化曾经有过包容与开放，从传说中的周穆王西游，到张骞通西域、甘英使大秦，再到法显与玄奘西行，从丝绸之路上的骆驼商队到郑和下西洋的宝船，那么也正是不同文化的碰撞与交融，才使中华文明的生命能够延续千年，并终于在今天再度焕发出勃勃生机。

上海世博会的一大亮点是建筑。建筑是城市的名片，是文明的载体和凝固的记忆，更是人类智慧、想象力、创造力的浓缩与结晶。我们组织京沪两地十多位专业摄影师，走遍世博会各个场馆，用眼睛去触摸，用心灵去感受，从每个场馆的外观和细枝末节去发现和揭示不同文化的底蕴。他们在烈日下、在风雨中，多少次踏着晨曦，穿越子夜，背负沉重的高清数码摄影器材辛劳奔波，才得以第一手创作的艺术照片展示世博建筑的风采，以第一时间亮相的这部大型画册奉献给来自世界和中国的观众。

中国存世的古代文献浩如烟海，既是先祖留下的丰富遗产，也是对世界文明的巨大贡献。我们特意在每个页码下写上一个书名，一共280部，这些都是中国历史上最具代表性的经典名著。我们还从《飞鸿堂印谱》中挑选了一些印章点缀画册。为增加画册的可读性，我们借助《国学宝典》、《四库全书》等古籍数据库，搜寻出参会各国和地区的古代文化知识，以及相关诗词歌赋，从而使图与文相得益彰，吉光片羽，弥足珍贵。

本书是世博会场馆外景实拍图册，主要依据场馆地理位置排序。限于篇幅，未能介绍场馆特点及活动安排，有关信息可参看《中国2010年上海世博会官方导览手册》。

画册的完成，首先要感谢著名书法家欧阳中石先生和汪德龙先生题写书名，感谢赵宏先生的篆刻，感谢金士元撰稿、柳国庆先生书写的《上海世博赋》，他们的作品使画册增色不少。感谢首都师范大学国学传播中心和众多专家顾问的大力支持，感谢中国长城学会和"老兵方阵"系列活动

组委会的大力支持，更要感谢上海世博会事务协调局在出版画册工作中给予的指导和帮助。

世博是美的。画册的制作就是力求体现这种美，传播这种美，留住这种美。

由于成书仓促，疏漏之处在所难免，尚希读者赐教，以便再版时予以改正。

编　者

2010年6月

美哉世博

The Wonders Of
Expo 2010, Shanghai China